Bucătăria Italiană Autentică
Gusturi și Tradiții Culinare

Antonio Rossi

Conţinut

Biluţe de orez umplute 9

Orez şi fasole în stil veneţian 16

Orez cu cârnaţi din Sardinia 19

Mămăligă 21

Mamaliga cu crema 23

piept de pui cu raguut 25

Mămăligă Crostini, Trei Cai 26

Sandvişuri cu mămăligă 29

Polemaliga cu trei branzeturi 31

Mamaliga cu gorgonzola si mascarpone 33

Un purici cu ciuperci 35

Mămăligă de hrişcă şi seminţe de fenicul 37

Mămăligă la cuptor cu brânză 39

Mamaliguta la cuptor cu carnati ragu 42

mămăligă „în lanţuri" 45

salata farro 48

Farro, stil amator 51

Farro, roşii şi brânză 53

Orzotto de creveţi şi orz 55

Orz și orzotto de legume 57

Prosciutto și ouă 59

Sparanghel copt cu ouă 62

Ouă în Purgatoriu 64

Ouă în sos de roșii în stil martie 66

Ouă în stil piemont 68

Ouă florentine 70

Ouă la cuptor cu cartofi și brânză 72

ardei și ouă 74

cartofi și ouă 76

Omletă cu ouă și ciuperci 79

Frittata cu ceapa si rucola 81

Frittata de busuioc cu dovlecei 84

Hundred Herb Frittata 86

frittata de spanac 88

Ciuperci și Fontina Frittata 91

Frittata de spaghete napolitane 93

Paste Frittata 96

tortilla mici 98

Frittata cu floare de ricotta si dovlecel 100

Fâșii de tortilla în sos de roșii 102

Biban de mare cu pesmet de măsline 105

Biban cu ciuperci 107

File de căptușă cu piure de măsline și roșii 110

cod prăjit 112

Pește în „Apa nebună" 115

Pește albastru cu lămâie și mentă 117

talpă căptușită 119

Rulouri cu limbă cu busuioc și migdale 121

Ton marinat în stil sicilian 123

Frigarui de ton portocaliu 125

Ton și ardei la grătar în stil molise 128

Ton la gratar cu lamaie si oregano 131

Fripturi de ton crocante la gratar 133

Ton la gratar cu pesto de rucola 135

Tocană de cannellini cu ton și fasole 137

Pește-spadă sicilian cu ceapă 139

Pește-spadă cu anghinare și ceapă 141

Sabie în stil Messina 143

spadasinul se rostogolește 146

Căptușă prăjită cu legume 149

Biban de mare la gratar cu legume si usturoi 152

Scrod cu sos de rosii picant 155

Carpaccio de somon 157

File de somon cu boabe de ienupăr și ceapă roșie 159

Somon cu legume de primavara 161

File de peste in sos verde 163

Halibut copt în hârtie 166

Pește copt cu măsline și cartofi 168

Citrus Red Snapper 171

peste in crusta sarata 173

Pește prăjit în vin alb și lămâie 175

Pastrav cu prosciutto si salvie 177

Sardine la cuptor cu rozmarin 179

Sardine în stil venețian 181

Sardine siciliene umplute 183

sardine la gratar 185

cod prăjit 187

Cod sare pe pizza 189

Cod sare cu cartofi 191

Creveți și fasole 193

Creveți în sos de usturoi 196

Creveți cu roșii, capere și lămâie 198

Creveți în sos de hamsii 200

creveti prajiti 203

Creveți aluați și caracatiță 206

Frigarui de creveti la gratar 209

Homar "Frate Diavolul" 211

Homar umplut la cuptor 214

Scoici cu usturoi și pătrunjel 217

Midii si creveti la gratar 219

scoici și scoici Posillipo 221

Biluțe de orez umplute

Sartu di Riso

Face 8 până la 10 porții

Orezul nu este un ingredient obișnuit în bucătăria napolitană, dar acest fel de mâncare este unul dintre clasicele zonei. Se crede că își are rădăcinile în bucătăriile aristocratice conduse de bucătari formați în Franța când Napoli era capitala Regatului celor Două Sicilii.

Astăzi este făcut pentru ocazii speciale și am mâncat chiar și versiuni contemporane realizate în tigăi de dimensiuni individuale.

Acesta este genul de fel de mâncare spectaculos care ar fi perfect pentru o petrecere. Gnocchi mici și alte ingrediente de umplutură cad din tortul gigantic de orez când este tăiat. Nu este dificil, dar implică câțiva pași. Puteți pregăti sosul și umplutura cu până la 3 zile înainte de asamblarea vasului.

Dip

1 uncie ciuperci uscate

2 căni de apă călduță

1 ceapa medie, tocata

2 linguri de ulei de măsline

1 conserve (28 uncii) de roșii decojite italiene importate, trecute printr-o moară alimentară

Sare și piper negru proaspăt măcinat

chiftele și cârnați

2 până la 3 felii de pâine italiană, tăiate în bucăți mici (aproximativ 1/2 cană)

1/4 cană de lapte

8 uncii de carne de vită măcinată

1/4 cană Parmigiano-Reggiano proaspăt ras

1 catel de usturoi, tocat marunt

2 linguri de patrunjel proaspat tocat si mai mult pentru garnitura

1 ou mare

Sare și piper negru proaspăt măcinat

2 linguri de ulei de măsline

2 cârnați italieni dulci

asamblare

8 uncii de mozzarella proaspătă, mărunțită

1 cană de mazăre proaspătă sau congelată

2 căni de orez cu bob mediu, cum ar fi Arborio, Carnaroli sau Vialone Nano

Sare

1 cană Parmigiano-Reggiano proaspăt ras

piper negru proaspăt măcinat

2 linguri de unt nesarat

6 linguri de pesmet simplu uscat

Pătrunjel plat proaspăt tocat pentru ornat

1. Pregătiți sosul: într-un castron mediu, înmuiați ciupercile în apă timp de 30 de minute. Scoateți ciupercile din lichidul de înmuiat. Se strecoară lichidul printr-un filtru de cafea de hârtie sau o cârpă umedă într-un recipient curat și se pune deoparte. Clătiți ciupercile sub jet de apă, acordând o atenție deosebită bazei unde se acumulează pământul. Tocați mărunt ciupercile.

2. Pune ceapa și uleiul într-o cratiță mare și grea la foc mediu. Gatiti, amestecand din cand in cand, pana ce ceapa este moale si aurie, aproximativ 10 minute. Adăugați ciupercile tăiate felii. Adăugați roșiile și lichidul de ciuperci rezervat. Se condimentează cu sare și piper. Se aduce la fierbere. Gatiti la foc mic, amestecand din cand in cand, pana se ingroasa, aproximativ 30 de minute.

3. Faceți chiftelele: Într-un castron mediu, înmuiați pâinea în lapte timp de 5 minute, apoi scurgeți-o. În același castron, amestecați pâinea, carnea de vită, brânza, usturoiul, pătrunjelul, oul și asezonați după gust. Amesteca bine. Formați amestecul în bile de 1 inch.

4. Încinge uleiul într-o tigaie mare la foc mediu. Adăugați chiftelele și gătiți, întorcându-le cu clești, până se rumenesc

pe toate părțile. Cu o lingură cu fantă, transferați chiftelele pe o farfurie. Scoateți uleiul și ștergeți cu grijă tigaia cu prosoape de hârtie.

5. În aceeași tigaie, combinați cârnații și apă cât să-i acopere pe jumătate. Acoperiți și gătiți la foc mic până când apa se evaporă și cârnații încep să se rumenească. Descoperiți și gătiți cârnații, întorcându-le din când în când, până când sunt fierți, aproximativ 10 minute. Tăiați cârnații în felii.

6. Într-un castron mediu, aruncați ușor chiftelele, feliile de cârnați, mozzarella și mazărea cu 2 căni de sos de roșii și ciuperci și puneți deoparte.

7. Într-o cratiță mare, combinați sosul rămas cu 4 căni de apă. Aduceți amestecul la fierbere. Adăugați orez și 1 linguriță de sare. Aduceți lichidul înapoi la fierbere și amestecați o dată sau de două ori. Acoperiți și fierbeți până când orezul este fraged, aproximativ 15 minute.

8. Scoateți oala de pe foc. Lasam orezul sa se raceasca putin. Adăugați parmezan. Se condimentează cu sare și piper.

9. Ungeți cu unt interiorul unei tavi adânci de 2 1/2 litri sau al unui vas rezistent la cuptor. Se presară cu 4 linguri de pesmet.

Turnați aproximativ două treimi din orez în caserola pregătită, apăsând pe fund și pe părțile laterale pentru a forma o „coajă" de orez. Se toarnă în centru amestecul de chifteluțe și cârnați. Acoperiți cu orezul rămas și întindeți uniform. Stropiți blatul cu firimiturile rămase. (Dacă nu este gata imediat, acoperiți și lăsați timbalul la frigider.)

10 Cu aproximativ 2 ore înainte de servire, puneți un gratar în centrul cuptorului. Preîncălziți cuptorul la 350° F. Coaceți timbalele timp de 1 1/2 oră sau până când blatul se rumenește ușor și amestecul este fierbinte în centru. (Timpul exact de gătire depinde de mărimea și forma caserolei. Folosiți un termometru cu citire instantanee pentru a verifica temperatura din centru. Ar trebui să fie de cel puțin 140°F.)

unsprezece Pregătiți grătarul de răcire. Lăsați fierbătorul să se răcească pe grătar timp de 10 minute. Treceți un cuțit sau o spatulă de metal în jurul marginii interioare a tigaii. Pune un castron mare pe tigaie. Țineți ferm chimbalul (cu prindere) de chimbal și rotiți-l pe ambele pentru a aduce timpanul la chimbal. Se presara patrunjel. Tăiați în bucăți pentru a servi. Se serveste fierbinte.

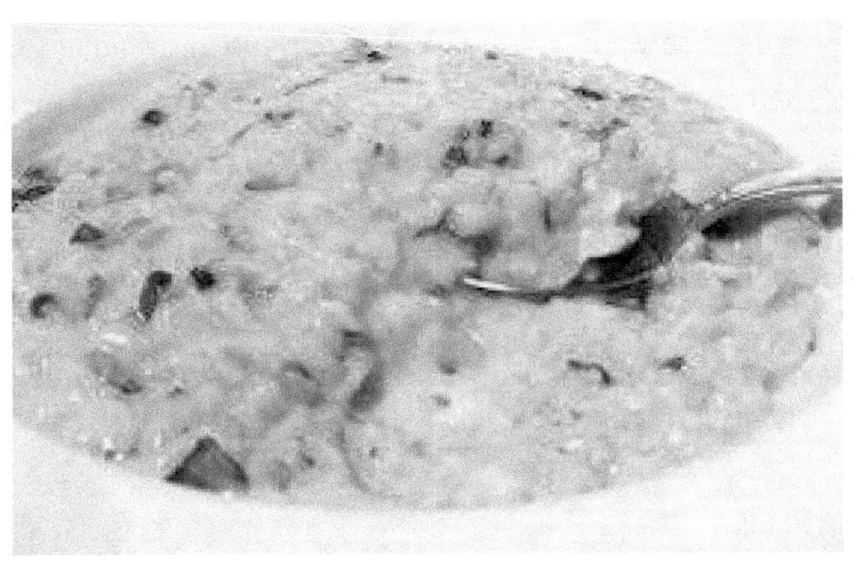

Orez și fasole în stil venețian

Riso și Fagioli alla Veneta

Face 4 portii

Vara, orezul și fasolea se servesc calde, nu fierbinți. În regiunea Veneto, soiul preferat este fasolea afine, cunoscută în italiană ca borlotti. Boabele crude de merișor sunt roz, cu semne de culoare crem. După gătit, acestea capătă o culoare roz-bej. Este foarte asemănătoare cu fasolea pinto, care poate fi înlocuită la nevoie.

aproximativ 2 cesti de casa<u>bulion de carne</u>sau bulion de vită din magazin

3 linguri de ulei

1 ceapa mica, tocata marunt

1 morcov mediu, tocat mărunt

1 tulpină medie de țelină, tocată mărunt

1/2 cană de slănină, feliată subțire

2 căni de merișoare uscate fierte sau fasole pinto sau 1 cutie (16 uncii) de fasole cu lichid

1 cană de orez cu bob mediu, cum ar fi Arborio, Carnaroli sau Vialone Nano

Sare și piper negru proaspăt măcinat

1. Dacă este necesar, pregătiți bulionul. În continuare, încălziți uleiul cu ceapa, morcovul, țelina și pancetta într-o oală mare și grea la foc mediu. Gatiti, amestecand din cand in cand, pana cand legumele devin maro auriu, aproximativ 20 de minute.

2. Adăugați fasole și 1 cană de apă rece. Se aduce la fierbere și se fierbe timp de 20 de minute.

3. Rezervați aproximativ o treime din amestecul de fasole. Amestecați restul într-un robot de bucătărie sau într-un mașină de tocat piure până la omogenizare. Turnați piureul de fasole și 1 cană de bulion într-o oală mare și largă. Se aduce la fierbere la foc mediu. Gatiti 5 minute, amestecand din cand in cand.

4. Adăugați orezul în tigaie și sare și piper după gust. Gatiti 20 de minute, amestecand des pentru a preveni lipirea fasolei de

fundul tigaii. Adăugați bulionul rămas puțin câte una până când orezul este fraged, dar încă ferm. Adăugați amestecul de fasole rezervat și stingeți focul.

5.Lasă să stea 5 minute. Se serveste fierbinte.

Orez cu cârnați din Sardinia

Riso a la Sarda

Face 6 portii

Mai mult ca un pilaf decât un risotto, acest fel de mâncare tradițională cu orez din Sardinia nu necesită mult amestecare.

aproximativ 3 căni<u>bulion de carne</u>

1 ceapa medie, tocata

2 linguri de patrunjel plat proaspat tocat

2 linguri de ulei de măsline

12 uncii cârnați de porc italian simplu, fără piele

1 cana rosii, curatate de coaja, fara samburi si tocate

Sare și piper negru proaspăt măcinat

1/2 cană de orez cu bob mediu, cum ar fi Arborio, Carnaroli sau Vialone Nano

1/2 cană Pecorino Romano sau Parmigiano-Reggiano proaspăt ras

1. Dacă este necesar, pregătiți bulionul. Apoi, într-o oală mare, grea, la foc mediu, fierbeți ceapa și pătrunjelul în ulei până se înmoaie ceapa, aproximativ 5 minute. Adăugați carnea de cârnați și gătiți, amestecând des, până când cârnații se rumenesc ușor, aproximativ 15 minute.

2. Se adauga rosiile si sare si piper dupa gust. Adăugați bulion și aduceți la fierbere. Adăugați orezul. Acoperiți și gătiți timp de 10 minute. Verificați ca amestecul să nu fie prea uscat. Adăugați mai mult stoc sau apă dacă este necesar. Acoperiți și gătiți încă 8 minute, sau până când orezul este fraged.

3. Scoateți tigaia de pe foc. Adăugați brânza. Serviți imediat.

Mămăligă

Face 4 portii

Modul tradițional de a găti mămăligă este să turnați încet făina de porumb uscată într-un jet subțire prin degetele unei mâini într-o oală cu apă clocotită în timp ce amestecați cu cealaltă mână. Ai nevoie de multă răbdare pentru a o rezolva bine; daca mergi prea repede, crema se va aglomera. Între timp, mâna ta arde din cauza ținerii peste lichidul care fierbe.

Prefer cu mult următoarea metodă de a găti mămăligă pentru că este rapidă și sigură. Cel mai bine, am testat această metodă alături de metoda tradițională și nu pot spune nicio diferență în rezultatul final. Deoarece făina de porumb este mai întâi amestecată cu apă rece, nu există cocoloașe care se pot forma cu ușurință dacă făina uscată este turnată direct în apă fierbinte.

Asigurați-vă că utilizați o oală cu fundul greu, altfel mămăliga s-ar putea arde. De asemenea, puteți plasa oala într-un Flametamer, un disc metalic care se așează deasupra arzătorului de pe plită, pentru a oferi oalei o izolație suplimentară pentru gestionarea căldurii. (Căutați-l în magazinele de ceramică.)

Puteți varia mămăliga de bază gătindu-l cu bulion sau folosind lapte în loc de puțină apă. Dacă doriți, adăugați niște brânză rasă la sfârșitul gătitului.

4 căni de apă rece

1 cană de porumb galben măcinat grosier, de preferință piatră

2 lingurite de sare

2 linguri de unt nesarat

1. Aduceți 3 căni de apă la fiert într-o oală grea de 2 litri.

2. Între timp, amestecați făina de porumb, sarea și ceașca de apă rămasă într-un castron mic.

3. Se toarnă amestecul în apă clocotită și se fierbe, amestecând continuu, până când amestecul ajunge la fierbere. Reduceți focul la mic, acoperiți și gătiți, amestecând din când în când, până când mămăliga devine groasă și cremoasă, aproximativ 30 de minute. Dacă sosul este prea gros, mai adăugați puțină apă.

4. Adăugați untul. Serviți imediat.

Mamaliga cu crema

Polecat alla Panna

Face 4 portii

Într-o zi rece de iarnă în Milano, m-am oprit pentru prânz la o trattorie aglomerată. Meniul a fost limitat, dar acest fel de mâncare simplu și reconfortant a fost specialul zilei. Dacă aveți trufe proaspete negre sau albe, le dați prin răzătoare peste mascarpone și îndepărtați brânza.

Pentru a încălzi un bol sau o farfurie de servire, puneți-le la cuptorul cald (nu fierbinte!) pentru câteva minute sau treceți apă fierbinte peste ele în chiuvetă. Uscați vasul sau vasul înainte de a adăuga alimente.

1 reteta (aproximativ 5 cani) gatita fierbinte<u>Mămăligă</u>

1 cană mascarpone sau smântână groasă

O bucată de Parmigiano-Reggiano

1. Dacă este necesar, pregătiți tija. Apoi turnați mămăliga fierbinte gătită pe o farfurie caldă de servire.

2. Întindeți mascarpone sau turnați smântână deasupra. Folosind un curățător de legume cu o lamă rotativă, rade parmigiano deasupra. Serviți imediat.

piept de pui cu raguut

Mamaliga cu raguut

Face 4 portii

A fost o vreme când multe familii din nordul Italiei aveau o oală specială de cupru numită paiolo în care să gătească mămăliga și o farfurie rotundă pe care să o servească. Acesta este un aliment de confort grozav și este destul de ușor dacă faceți ragu și mămăliga din timp.

1 reteta (aproximativ 3 cani) ragout bolognese

1 reteta (aproximativ 5 cani) gatita fierbinte Mămăligă

1/2 cană Parmigiano-Reggiano proaspăt ras

1. Daca este nevoie, pregatiti ragusul si mamaliga.

2. Se toarnă mămăliga pe aragazul încins. Faceți o crestătură mică pe băț. Se toarnă peste sos. Se presară cu brânză și se servește imediat.

Mămăligă Crostini, Trei Cai

Puteți folosi felii crocante de mămăligă în loc de pâine crostini). Serviți-le cu un sos gustos (vezi sugestiile de mai jos) ca aperitiv, ca garnitură la o caserolă sau ca bază pentru carne de pasăre la grătar sau prăjită.

1 reteta (aproximativ 5 cani) gatita fierbinte <u>Mămăligă</u>

1. Pregătiți mămăliga. De îndată ce mămăliga este gătită, întindeți-o cu o spatulă de cauciuc la aproximativ 1/2 inch grosime pe o tavă mare de copt. Acoperiți și răciți până când se fixează înainte de utilizare, cel puțin 1 oră până la 3 zile.

2. Când este gata de gătit, tăiați mămăliga în pătrate sau alte forme folosind un cuțit sau un tăietor de prăjituri. Bucățile pot fi coapte, la grătar, la grătar sau la tigaie.

Crostini de mămăligă la cuptor: Preîncălziți cuptorul la 400°F. Ungeți o foaie de copt și puneți feliile de mămăligă pe tavă, la aproximativ 1/2 inch una de cealaltă. Unge blaturile cu ulei. Coaceți timp de 30 de minute sau până când devine crocant și ușor auriu.

Crostini de mămăligă la grătar sau prăjite: Așezați grătarul sau grătarul la aproximativ 4 inci de sursa de căldură. Preîncălziți grătarul sau grătarul. Ungeți feliile de mămăligă cu ulei de măsline pe ambele părți. Așezați piesele pe suport. Gratar sau gratar, intoarcend o data, pana devine crocant si auriu, aproximativ 5 minute. Întoarceți bucățile și puneți la grătar pe cealaltă parte pentru încă 5 minute.

Crostini de mămăligă la cuptor: Ungeți foarte ușor o tigaie antiaderentă cu un strat subțire de amidon de porumb sau ulei de măsline. Încinge o tigaie la foc mediu. Uscați bucățile de mămăligă. Gatiti pana se rumenesc, aproximativ 5 minute. Întoarceți bucățile și gătiți până se rumenesc pe cealaltă parte, încă aproximativ 5 minute.

Sandvișuri cu mămăligă

rulouri de pâine

Face 8 portii

Putem servi aceste mici gustari ca aperitiv sau garnitura. Pentru un pic de fler, decupați bara folosind forme de prăjituri sau forme de prăjituri.

1 reteta (aproximativ 5 cani)<u>Mămăligă</u>, făcută fără unt

4 uncii de gorgonzola, feliate subțire

2 linguri de unt nesarat topit

2 linguri de Parmigiano Reggiano

1. Pregătiți mămăliga. De îndată ce mămăliga este gătită, întindeți-o cu o spatulă de cauciuc la aproximativ 1/2 inch grosime pe o tavă mare de copt. Acoperiți și răciți până când se fixează înainte de utilizare, cel puțin 1 oră până la 3 zile.

2. Așezați grătarul în centrul cuptorului. Preîncălziți cuptorul la 400°F. Ungeți o tavă mare de copt cu unt.

3. Tăiați mămăliga în 16 pătrate. Pune jumătate din feliile de mamaliga pe o tavă de copt. Deasupra puneți felii de gorgonzola. Acoperim cu mamaliga ramasa si presam usor sandviciurile.

4. Unge blaturile cu unt. Se presară cu parmezan. Coaceți timp de 10 până la 15 minute sau până când brânza se topește. Se serveste fierbinte.

Polemaliga cu trei branzeturi

Mămăligă cu Tre Formaggi

Face 4 portii

Valea Aosta este o regiune din nord-vestul extrem al Italiei. Este renumit pentru clima alpină și stațiunile de schi frumoase, precum și pentru produse lactate precum Fontina Valle d'Aosta, o brânză de vaci semi-tare.

Laptele îi conferă acestei mămăligă un plus de bogăție. Untul este prezentat ca o brânză cinstită.

2 cani de apa rece

1 cană de porumb galben măcinat grosier, de preferință piatră

1 lingurita de sare

2 cani de lapte rece

1/2 cană Fontina Valle d'Aosta, tocată

1/4 cană Parmigiano-Reggiano proaspăt ras

2 linguri de unt nesarat

1. Aduceți apă la fiert într-o oală grea de 2 litri.

2. Bateți făina de porumb, sarea și laptele într-un castron mic.

3. Se toarnă amestecul de porumb în apa clocotită și se fierbe, amestecând continuu, până când amestecul fierbe. Reduceți focul la mic, acoperiți și gătiți, amestecând din când în când, timp de aproximativ 30 de minute sau până când mămăliga devine groasă și cremoasă. Dacă sosul este prea gros, mai adăugați puțină apă.

4. Scoateți tigaia de pe foc. Adăugați brânzeturile și untul până se topesc. Serviți imediat.

Mamaliga cu gorgonzola si mascarpone

Face 4 până la 6 porții

Cereasca si bogata, aceasta reteta este din Lombardia, unde se fac gorgonzola si mascarpone.

4 căni de apă rece

1 cană de porumb galben măcinat grosier, de preferință piatră

1/2 lingurițe de sare

1/2 cană mascarpone

1/2 cană gorgonzola, rasă

1. Aduceți 3 căni de apă la fiert într-o oală grea de 2 litri.

2. Într-un castron mic, amestecați făina de porumb, sarea și ceașca de apă rămasă.

3. Se toarnă amestecul de porumb în apa clocotită și se fierbe, amestecând continuu, până când amestecul ajunge la fierbere. Reduceți focul la mic, acoperiți și gătiți, amestecând din când în când, timp de aproximativ 30 de minute sau până când

mămăliga devine groasă și cremoasă. Dacă sosul este prea gros, mai adăugați puțină apă.

4. Scoateți năutul de pe foc. Adăugați mascarpone și jumătate de gorgonzola. Se toarnă într-un bol de servire și se stropește cu restul de gorgonzola. Se serveste fierbinte.

Un purici cu ciuperci

mamaliga cu ciuperci

Face 6 portii

Pancetta adaugă o aromă bogată, dar omiteți-o dacă preferați un fel de mâncare fără carne. Resturile pot fi tăiate și prăjite în puțin ulei de măsline sau unt ca aperitiv sau garnitură.

2 uncii de slănină, tocată mărunt

1 ceapa mica, tocata marunt

2 linguri de ulei de măsline

1 pachet (10 uncii) de ciuperci albe, tăiate și feliate

2 linguri de patrunjel plat proaspat tocat

Sare și piper negru proaspăt măcinat

4 căni de apă rece

1 cană de porumb galben măcinat grosier, de preferință piatră

1. Într-o tigaie mare, combinați pancetta, ceapa și uleiul și gătiți până când pancetta și ceapa se rumenesc ușor, aproximativ 10 minute. Adăugați ciupercile și pătrunjelul și gătiți până când lichidul din ciuperci s-a evaporat, încă aproximativ 10 minute. Se condimentează cu sare și piper.

2. Aduceți 3 căni de apă la fiert într-o oală grea de 2 litri.

3. Într-un castron mic, amestecați făina de porumb, 1/2 linguriță de sare și restul de 1 cană de apă rece.

4. Se toarnă amestecul de porumb în apa clocotită și se fierbe, amestecând continuu, până dă în clocot. Reduceți focul la foarte mic, acoperiți și gătiți, amestecând din când în când, până când mămăliga devine groasă și cremoasă, aproximativ 30 de minute. Dacă sosul este prea gros, adăugați mai multă apă.

5. Amestecați conținutul tigaii în tava cu mămăligă. Se toarnă amestecul pe o plită încinsă. Serviți imediat.

Mămăligă de hrișcă și semințe de fenicul

taragna mamaliga

Face 4 până la 6 porții

În Lombardia, această mămăligă consistentă este făcută dintr-o combinație de făină de porumb și făină de hrișcă. Hrișca adaugă o aromă de pământ. La sfârșitul gătitului, se amestecă o brânză locală cunoscută sub numele de bitto. Nu am văzut niciodată bitto în SUA, dar fontina și Gruyère sunt înlocuitori buni.

5 căni de apă rece

4 linguri de unt nesarat

1 cană de porumb galben măcinat grosier, de preferință piatră

1/2 cană făină de hrișcă

Sare

4 oz fontina sau Gruyère

1. Aduceți 4 căni de apă și 2 linguri de unt la fiert într-o cratiță grea de 2 litri.

2. Într-un castron mediu, amestecați făina de porumb, făina de hrișcă, 1/2 linguriță de sare și ceașca de apă rămasă.

3. Se amestecă amestecul de porumb în apa clocotită. Reduceți căldura la foarte scăzută. Acoperiți și gătiți, amestecând din când în când, timp de aproximativ 40 de minute sau până când mămăliga devine groasă și cremoasă. Dacă este prea groasă, mai adăugați puțină apă la nevoie.

4. Scoateți năutul de pe foc. Adăugați restul de 2 linguri de unt și brânză. Serviți imediat.

Mămăligă la cuptor cu brânză

Cunsa dihor

Face 8 portii

Asamblați cu până la 24 de ore înainte de gătit, dar timpul de gătire se va dubla dacă este rece. Încearcă-l și cu Gruyère sau Asiago.

5 căni de apă rece

1 cană de porumb galben măcinat grosier, de preferință piatră

1 lingurita de sare

3 linguri de unt nesarat

1 ceapa medie, tocata

1 cană Parmigiano-Reggiano proaspăt ras

1/2 cană gorgonzola ras

1/2 cană Fontina Valle d'Aosta rasă

1. Într-o oală grea de 2 litri, aduceți 4 căni de apă la fiert. Într-un castron, amestecați făina de porumb, sarea și restul de 1 cană de apă.

2. Se toarnă amestecul în apă clocotită și se fierbe, amestecând continuu, până când amestecul fierbe. Reduceți focul la mic, acoperiți și gătiți, amestecând din când în când, timp de aproximativ 30 de minute sau până când mămăliga devine groasă și cremoasă. Dacă sosul este prea gros, mai adăugați puțină apă.

3. Într-o tigaie mică, topește 2 linguri de unt la foc mediu. Adăugați ceapa și gătiți, amestecând, până când ceapa este moale și aurie, aproximativ 10 minute. Razi ceapa in mamaliga.

4. Așezați grătarul în centrul cuptorului. Preîncălziți cuptorul la 375 ° F. Ungeți o tavă de copt de 9 × 3 inci cu unt.

5. Turnați aproximativ o treime din mămăligă în tigaie. Rezervați 1/4 cană parmezan pentru topping. Întindeți jumătate din fiecare brânză rămasă peste stratul de mămăligă din tigaie. Faceți un al doilea strat de mămăligă și brânză. Se toarnă mămăliga rămasă și se întinde uniform.

6. Presărați 1/4 cană de parmigiano rezervată peste mămăligă. Se unge cu untul rămas. Coaceți timp de 30 de minute sau până când se formează bule pe margini. Lăsați să stea 10 minute înainte de servire.

Mamaliguta la cuptor cu carnati ragu

mămăligă pasticciato

Face 6 portii

Este un fel de lasagna, cu pastele înlocuind straturile de mămăligă feliată.

Numele de mămăligă pasticciato este interesant. Vine de la pasticciare, care înseamnă a face ceva murdar, dar pasticciato se referă și la un fel de mâncare făcut ca pastele cu brânză și raguut.

   1 reteta<u>raguut de cârnați</u>

8 căni de apă rece

2 căni de porumb galben măcinat grosier, de preferință sâmbure

1 lingura de sare

8 uncii de mozzarella proaspătă

1/2 cană Parmigiano-Reggiano proaspăt ras

1. Dacă este necesar, pregătiți ragu-ul. Aduceți 6 căni de apă la fiert într-o oală mare.

2. Într-un castron mediu, amestecați făina de porumb, sarea și celelalte 2 căni de apă.

3. Se toarnă făina de porumb în apa clocotită, amestecând continuu, până când amestecul ajunge la fierbere. Reduceți focul la mic, acoperiți și gătiți, amestecând din când în când, timp de aproximativ 30 de minute sau până când mămăliga devine groasă și cremoasă.

4. Ungeți o tavă mare de copt cu unt. Se toarnă mămăliga în tigaie și se întinde uniform cu o spatulă de cauciuc până când are o grosime de 1/2 inch. Răciți până la fermitate, aproximativ 1 oră, sau acoperiți și dați la frigider peste noapte.

5. Așezați grătarul în centrul cuptorului. Preîncălziți cuptorul la 400°F. Ungeți o tavă pătrată de 9 inci.

6. Tăiați mămăliga în 9 pătrate de 3 inci. Pune jumătate din zară pe fundul vasului. Turnați jumătate din sos și adăugați jumătate de mozzarella și Parmigiano-Reggiano. Faceți un al doilea strat din ingredientele rămase.

7. Coaceți timp de 40 de minute sau până când mămăliga clocotește și brânza se topește. Lăsați să stea 10 minute înainte de servire.

mămăligă „în lanțuri"

Dihor înlănțuit

Face 6 portii

Eu și soțul meu am închiriat odată un apartament într-o vilă de la marginea orașului Lucca, în Toscana. Carlotta era o menajeră veselă care avea grijă de locul și se asigura că totul merge bine. Din când în când ne surprindea cu mâncare de casă. Mi-a spus că această mămăligă copioasă, o specialitate locală, se spune că este „tăiată" fâșii de legume mărunțite. Îl servim ca fel de mâncare principală vegetariană sau ca garnitură la carnea la grătar. De asemenea, este foarte bun dacă se lasă să se răcească până la un solid, apoi se feliează și se prăjește până se rumenește.

2 linguri de ulei de măsline

1 catel de usturoi, tocat marunt

2 căni de varză sau de varză mărunțită

4 căni de apă rece

1 cană de porumb galben măcinat grosier, de preferință piatră

1½ linguriţe de sare

2 cani de fasole cannellini fierte sau conservate

Sare şi piper negru proaspăt măcinat

½ cană Parmigiano-Reggiano proaspăt ras

1. Într-o oală mare, fierbeţi uleiul şi usturoiul la foc mediu până când usturoiul devine auriu, aproximativ 2 minute. Adăugaţi varza, acoperiţi şi gătiţi timp de 10 minute sau până când varza este fragedă.

2. Adăugaţi 3 căni de apă şi aduceţi la fiert.

3. Într-un castron mic, amestecaţi făina de porumb, sarea şi ceaşca de apă rămasă.

4. Turnaţi amestecul de porumb în oală. Gatiti, amestecand des, pana cand amestecul ajunge la fierbere. Reduceţi focul la mic, acoperiţi şi gătiţi timp de 20 de minute, amestecând din când în când.

5. Adăugaţi fasolea. Se fierbe încă 10 minute sau până se îngroaşă şi devine cremoasă. Adăugaţi puţină apă dacă amestecul este prea gros.

6.Ieși din foc. Adăugați brânză și serviți imediat.

salata farro

Sala Farro

Face 6 portii

Eu și soțul meu am mâncat de mai multe ori salate farro în Abruzzo, inclusiv aceasta cu verdeață crocantă și mentă răcoritoare.

Sare

1 1/2 cani farro

1 cana morcovi tocati marunt

1 cana telina tocata marunt

2 linguri de menta proaspata tocata marunt

2 cepe verde, tocate mărunt

1/3 cană ulei de măsline

1 lingura de suc proaspat de lamaie

piper negru proaspăt măcinat

1. Aduceți 6 căni de apă la fiert. Adăugați sare după gust, apoi farro. Reduceți focul la mic și gătiți până când farro este fraged, dar încă mestecat, aproximativ 15 până la 30 de minute. (Timpul de gătire poate varia, începe fermentarea după 15 minute.) Scurge bine.

2. Într-un castron mare, combinați farro-ul, morcovii, țelina și menta. Bateți uleiul de măsline, sucul de lămâie și piperul într-un castron mic. Se toarnă dressingul peste salată și se amestecă bine. Gustați și ajustați condimentele. Se serveste cald sau la temperatura camerei.

Farro, stil amator

Farro all'Amatriciana

Face 8 portii

Farro este folosit în mod normal în supe sau salate, dar în această rețetă din mediul rural românesc, boabele sunt gătite cu sosul clasic de Amatriciana, care se folosește de obicei la paste.

Sare

2 cani de farro

1/4 cană ulei de măsline

4 uncii de bacon, tocat

1 ceapă medie

1/2 căni de vin alb sec

1/2 cană roșii proaspete, curățate, fără semințe și tăiate cubulețe, sau roșii conservate, scurse și tăiate cubulețe

1/2 cană Pecorino Romano proaspăt ras

1. Aduceți 6 căni de apă la fiert. Adăugați sare după gust, apoi farro. Reduceți focul la mic și gătiți până când farro este fraged, dar încă mestecat, 15 până la 30 de minute. (Timpul de gătire poate varia, începe fermentarea după 15 minute.) Scurge bine.

2. Într-o tigaie medie, gătiți uleiul, pancetta și ceapa la foc mediu, amestecând des, până când ceapa devine aurie, aproximativ 10 minute. Adăugați vinul și aduceți la fiert. Adăugați roșiile și farro. Aduceți la fiert și gătiți până când farro-ul a absorbit o parte din sos, aproximativ 10 minute. Adăugați puțină apă dacă este necesar pentru a preveni lipirea.

3. Ieși din foc. Adăugați brânza și amestecați bine. Serviți imediat.

Farro, roșii și brânză

Cereale, Pomodori și Cacio

Face 6 portii

Grâul, emmer, kamut sau alte boabe similare pot fi gătite în acest fel dacă nu găsiți farro. Nu adăugați prea multă sare la boabe, deoarece ricotta salata poate fi sărată. Dacă nu este disponibil, înlocuiți Pecorino Romano. Această rețetă vine din Apulia, în sud.

Sare

1 1/2 cani farro

2 linguri de ulei de măsline

1 ceapa mica, tocata marunt

8 uncii de roșii tăiate cubulețe

4 uncii de ricotta salata, rasa grosier

1. Aduceți 6 căni de apă la fiert. Adăugați sare după gust, apoi farro. Reduceți focul la mic și fierbeți până când farro este fraged, 15 până la 30 de minute. (Timpul de gătire poate varia, începe fermentarea după 15 minute.) Scurge bine.

2. Se toarnă uleiul într-o cratiță medie. Adăugați ceapa și gătiți, amestecând des, până când ceapa devine maro aurie, aproximativ 10 minute. Se adauga rosiile si sare dupa gust. Gatiti pana se ingroasa usor, aproximativ 10 minute.

3. Se amestecă farro-ul scurs în sosul de roșii. Adăugați brânza și amestecați bine. Se serveste fierbinte.

Orzotto de creveți și orz

Orzotto din Gamberi

Face 4 portii

Deși majoritatea oamenilor din Statele Unite consideră orzo ca o pastă minusculă asemănătoare semințelor, orzo este în italiană „orz". În Friuli-Venezia Giulia din nord, orzul este gătit ca risotto, iar felul de mâncare finit se numește orzotto.

3 căni<u>Supa de pui</u>, bulion de legume sau apă

2 linguri de unt nesarat

1 lingura de ulei de masline

1 ceapa mica, tocata marunt

1 morcov mic, tocat mărunt

1/2 cană țelină, tocată mărunt

1 catel de usturoi tocat

6 uncii (2/3 cană) de orz perlat, clătit și scurs

Sare și piper negru proaspăt măcinat

8 uncii de creveți, decojiți și devenați

2 linguri de patrunjel plat proaspat tocat

1. Dacă este necesar, pregătiți bulionul. Într-o cratiță medie, topește untul cu uleiul la foc mediu. Adăugați ceapa, morcovul, țelina și usturoiul și gătiți până devin aurii, aproximativ 10 minute.

2. Adăugați orzul la legumele din tigaie și amestecați bine. Se adauga bulion, 1 lingurita sare si piper dupa gust. Aduceți la fierbere și reduceți căldura. Acoperiți și gătiți, amestecând ocazional, timp de 30 până la 40 de minute sau până când orzul este fraged. Dacă amestecul devine uscat, adăugați puțină apă.

3. Între timp, tocați creveții și amestecați-i cu pătrunjelul în amestecul de orz. Gătiți pana când creveții devin roz, 2 până la 3 minute. Gustați și ajustați condimentele. Serviți imediat.

Orz și orzotto de legume

Orzotto de legume

Face 4 portii

Pentru acest orzotto, bucăți mici de legume sunt gătite cu orz. Il servim ca garnitura sau ca prim fel.

    4 căni<u>bulion de carne</u>SAU<u>Supa de pui</u>

4 linguri de unt nesarat

1 ceapa mica, tocata marunt

1 cană de orz perlat, clătit și scurs

1/2 cană mazăre congelată sau proaspătă

1/2 cană ciuperci tocate, orice fel

1/4 cană de ardei roșu tocat mărunt

1/4 cană de țelină, tocată mărunt

Sare și piper negru proaspăt măcinat

¼ cană Parmigiano-Reggiano proaspăt ras

1. Dacă este necesar, pregătiți bulionul. Topiți 3 linguri de unt într-o cratiță mare la foc mediu. Adăugați ceapa și gătiți, amestecând des, până se rumenește, aproximativ 10 minute.

2. Adăugați orzul și amestecați bine. Adăugați jumătate din mazăre, ciuperci, ardei gras și țelină și gătiți timp de 2 minute sau până se înmoaie. Adăugați bulion și aduceți la fierbere. Acoperiți și gătiți timp de 20 de minute.

3. Adăugați legumele rămase și sare și piper după gust. Gatiti, neacoperit, inca 10 minute sau pana cand lichidul s-a evaporat si orzul s-a inmuiat. Ieși din foc.

4. Adăugați lingura rămasă de unt și brânză. Serviți imediat.

Prosciutto și ouă

Ouă de șuncă

Face 2 portii

Un prieten cu care am călătorit în Italia ținea o dietă bogată în proteine. Și-a făcut obiceiul să comande o farfurie cu prosciutto la micul dejun. Într-un mic han din Montepulciano, Toscana, gazda a întrebat-o dacă ar dori ouă cu prosciutto. Prietenul meu a spus da și se aștepta să ia niște ouă fierte. În schimb, bucătarul a sosit curând cu o singură tigaie umplută cu șuncă sfârâitoare și omletă. Arăta și mirosea atât de bine, încât în curând toată lumea din sala de mese comanda același lucru, spre disperarea bucătarului grăbit.

Este modalitatea perfectă de a folosi prosciutto puțin uscat pe margini. Ouă pentru brunch cu prosciutto servite cu sparanghel uns cu unt și roșii prăjite.

1 lingura de unt nesarat

4 până la 6 felii subțiri de prosciutto italian importat

4 ouă mari

Sare și piper negru proaspăt măcinat

1. Într-o tigaie antiaderentă de 9 inci, topește untul la foc mediu-mic.

2. Puneți feliile de prosciutto în tigaie, suprapunându-se ușor. Spargeți ouăle în pahar pe rând, apoi glisați-le pe prosciutto. Se presară cu sare și piper.

3. Acoperiți și gătiți la foc mic până când ouăle sunt moi după gust, aproximativ 2 până la 3 minute. Se serveste fierbinte.

Sparanghel copt cu ouă

sparanghel milanez

Face 2 până la 4 porții

Un jurnalist m-a întrebat odată ce mănânc la cină când gătesc singur. Fara sa ma gandesc prea mult, am raspuns sparanghel cu oua si parmezan, ceea ce italienii numesc milanese. Este atât de bun și totuși atât de simplu. Este ideea mea de mâncare confortabilă.

1 kilogram de sparanghel

Sare

3 linguri de unt nesarat

piper negru proaspăt măcinat

1/2 cană Parmigiano-Reggiano proaspăt ras

4 ouă mari

1. Tăiați baza sparanghelului în punctul în care tulpina se schimbă de la alb la verde. Aduceți aproximativ 2 inci de apă

la fiert într-o cratiță mare. Adăugați sparanghel și sare după gust. Gătiți până când sparanghelul și-a dublat volumul când este ridicat de la capătul tulpinii, aproximativ 4 până la 8 minute. Timpul de gătire va depinde de grosimea sparanghelului. Puneți sparanghelul într-o strecurătoare cu clește. Scurgeți-le și apoi uscați-le.

2. Așezați grătarul în centrul cuptorului. Preîncălziți cuptorul la 450 ° F. Ungeți o tavă mare de copt.

3. Așezați sparanghelul unul lângă altul într-o tavă de copt, suprapunându-se ușor. Stropiți cu 1 lingură de unt și stropiți cu piper și brânză.

4. Coaceți timp de 15 minute sau până când brânza este topită și aurie.

5. Într-o tigaie mare antiaderență, topește restul de 2 linguri de unt la foc mediu. Când spuma de unt scade, spargeți oul în pahar și apoi glisați-l cu grijă în tigaie. Repetați cu ouăle rămase. Se presară cu sare și se fierbe până când ouăle sunt moi după gust, aproximativ 2 până la 3 minute.

6. Împărțiți sparanghelul în farfurii. Puneți ouăle deasupra. Se toarnă sucul din tigaie deasupra și se servește fierbinte.

Ouă în Purgatoriu

Ouă în Purgatoriu

Face 4 portii

Când eram mare, cina noastră de vineri a fost întotdeauna o masă fără carne. Mâncărurile noastre au fost bazate pe bucătăria napolitană. Cina consta, de obicei, în paste e fagioli (paste şi fasole), salată de ton sau aceste ouă delicioase gătite într-un sos de roşii picant, de unde şi numele magic Eggs in Purgatory. Este masa perfecta atunci cand nu prea ai in camara si vrei ceva cald si rapid. Pâinea crustă este o garnitură esenţială.

2 linguri de ulei de măsline

1/4 cană ceapă tocată mărunt

2 cani de rosii conservate curatate, tocate

4 frunze de busuioc proaspăt tăiate bucăţi sau un praf de oregano uscat

Un praf de ardei rosu macinat (peperoncino)

Sare

8 ouă mari

1. Turnați ulei într-o tigaie medie. Adăugați ceapa și gătiți la foc mediu, amestecând, până se înmoaie și devine auriu, aproximativ 10 minute. Se adauga rosiile, busuiocul, ardeiul rosu si sare dupa gust. Se aduce la fierbere și se fierbe timp de 15 minute sau până se îngroașă.

2. Spargeți un ou într-un pahar mic. Faceți o adâncitură în sosul de roșii cu o lingură. Pune oul în sos. Continuați cu ouăle rămase.

3. Acoperiți tigaia și gătiți până când ouăle sunt moi după gust, 2 până la 3 minute. Se serveste fierbinte.

Ouă în sos de roșii în stil martie

Ouă în Brodetto

Face 2 portii

Unchiul meu Joe, a cărui familie provenea din regiunea Marche de pe coasta de est a Italiei, avea un mod special de a găti ouăle în sos de roșii. Rețeta lui, deși asemănătoare<u>Ouă în Purgatoriu</u>, conține o picătură de oțet pentru o aromă acidulată.

1 ceapa mica, tocata foarte fin

1 lingura patrunjel plat proaspat, tocat foarte marunt

2 linguri de ulei de măsline

1/2 cană roșii proaspete, curățate, fără semințe și tăiate cubulețe sau conservate, scurse și tăiate cubulețe

1 până la 2 linguri de oțet de vin alb

Sare și piper negru proaspăt măcinat

4 ouă mari

1. Într-o tigaie antiaderentă de 9 inci, combinați ceapa, pătrunjelul și uleiul și gătiți la foc mediu, amestecând din când în când, până când ceapa este moale și aurie, aproximativ 10 minute.

2. Se adauga rosiile, otetul, sare si piper dupa gust. Se fierbe timp de 10 minute sau până când sosul se îngroașă.

3. Spargeți un ou într-un pahar mic. Faceți o adâncitură în sos cu o lingură. Scufundați cu grijă în ou. Repetați cu ouăle rămase. Se presară cu sare și piper. Acoperiți și gătiți până când ouăle sunt moi după gust, 2 până la 3 minute. Se serveste fierbinte.

Ouă în stil piemont

Uova al Cirighet

Face 4 portii

Multe preparate piemonteze sunt asezonate cu usturoi și hamsii cu oțet. Aici, ouăle sunt servite cu acest dressing picant și acidulat.

4 linguri de ulei de măsline

4 file de hamsii, scurse si taiate felii

2 linguri de patrunjel plat proaspat tocat

2 linguri de capere, clătite și scurse

2 catei de usturoi, tocati foarte marunt

2 frunze de salvie tocate

Un praf de piper rosu macinat

1 lingura de otet de vin rosu

1 până la 2 lingurițe de suc proaspăt de lămâie

2 linguri de unt nesarat

8 ouă mari

Sare

1. Într-o tigaie medie, combinați uleiul, hamșa, pătrunjelul, caperele, usturoiul, salvia și ardeiul roșu măcinat. Gatiti la foc mic, amestecand des, pana cand ansoa se dizolva, 4-5 minute. Adăugați oțet și suc de lămâie. Gatiti inca 1 minut.

2. Într-o tigaie mare antiaderentă, topește untul la foc mediu. Când spuma de unt scade, glisați cu grijă ouăle în tigaie. Stropiți cu sare și gătiți timp de 2 până la 3 minute sau până când ouăle sunt moi după gust.

3. Se toarnă sosul peste ouă. Serviți imediat.

Ouă florentine

Wow pentru Fiorentina

Face 4 portii

Ouăle Florentine sunt adesea preparate în Statele Unite cu unt și un sos olandez bogat. Aceasta este versiunea pe care am avut-o la Florența. În loc de unt, spanacul este gătit cu usturoi și ulei de măsline, iar pentru ouă este suficient doar puțin parmezan. Este un fel de mâncare mult mai ușor, perfect pentru un brunch casual.

3 kilograme de spanac fără tulpini tari

Sare

2 linguri de ulei de măsline

1 catel de usturoi, tocat marunt

piper negru proaspăt măcinat

8 ouă

2 linguri de Parmigiano-Reggiano proaspăt ras

1. Spanacul se spala bine in cateva schimbari de apa rece. Puneti spanacul, 1/2 cana de apa si un praf de sare intr-o oala mare. Acoperiți oala și dați focul la mediu. Gatiti 5 minute sau pana cand spanacul este moale si fraged. Scurge spanacul și stoarce excesul de apă.

2. Se toarnă uleiul într-o tigaie mare. Adăugați usturoiul și gătiți până devine auriu, aproximativ 2 minute.

3. Adăugați spanacul și sare și piper după gust. Gatiti, amestecand ocazional, pana se incalzeste, aproximativ 2 minute.

4. Spargeți un ou într-un pahar mic. Faceți o adâncitură în spanac cu o lingură. Glisați oul în crestătură. Repetați cu ouăle rămase.

5. Stropiți ouăle cu sare, piper și brânză. Acoperiți tigaia și gătiți timp de 2 până la 3 minute sau până când ouăle sunt moi după gust. Se serveste fierbinte.

Ouă la cuptor cu cartofi și brânză

Ouă Forno

Face 4 portii

Mâncarea confortabilă napolitană este cea mai bună modalitate de a descrie această caserolă stratificată de cartofi, brânză și ouă pe care o făcea mama pentru mine când eram copil.

1 kilogram de cartofi universali, cum ar fi Yukon Gold

Sare

1 lingura de unt nesarat

8 uncii de mozzarella proaspătă, feliată

4 ouă mari

piper negru proaspăt măcinat

2 linguri de Parmigiano Reggiano

1. Spălați și curățați cartofii. Tăiați-le în felii groase de 1/4 inch. Puneti cartofii intr-o oala medie cu apa rece pentru a se acoperi si asezonati cu sare dupa gust. Acoperiți și aduceți la

fierbere. Gatiti pana cand cartofii sunt fragezi cand sunt strapunsi cu o furculita, aproximativ 10 minute. Scurgeți cartofii și răciți puțin.

2. Așezați grătarul în centrul cuptorului. Preîncălziți cuptorul la 400°F. Ungeți untul în jurul fundului și părților laterale ale unui vas pătrat de copt de 9 inci. Puneți feliile de cartofi în tigaie astfel încât să se suprapună ușor. Peste cartofi se aseaza felii de branza. Spargeți ouăle într-un pahar mic, apoi glisați-le în tava cu brânză. Se presară sare, piper și Parmigiano-Reggiano ras.

3. Coaceți până când ouăle sunt moi după gust, aproximativ 15 minute. Se serveste fierbinte.

ardei și ouă

Pepperoni și ouă

Face 4 portii

Ardeii înăbușiți sau piureul de cartofi sunt buni pentru brunch cu cârnați la grătar sau serviți umpluți pe pâine italiană crocantă, precum sandvișurile clasice.

1/4 cană ulei de măsline

2 ardei roșii medii tăiați în bucăți mici

1 ardei verde mediu tăiat în bucăți mici

1 ceapă mică, tăiată subțire

Sare

8 ouă mari

1/4 cană Parmigiano-Reggiano proaspăt ras

piper negru proaspăt măcinat

1. Într-o tigaie antiaderentă de 9 inci, încălziți uleiul la foc mediu. Se adauga boia de ardei, ceapa si sare dupa gust. Gatiti, amestecand des, pana cand ardeii devin maro auriu, aproximativ 20 de minute. Acoperiți și gătiți încă 5 minute, sau până când ardeii sunt moi.

2. Intr-un castron mediu, bate ouale cu branza si adauga sare si piper macinat dupa gust. Acoperiți ardeii cu ouă și lăsați-i să se odihnească puțin. Întoarceți ardeii și ouăle cu o spatulă sau o lingură, astfel încât ouăle crude să se ridice la suprafața cratiței. Lasam ouale sa se aseze si amestecam din nou. Repetați amestecarea și gătirea până când ouăle sunt moi după gust, aproximativ 2 până la 3 minute. Se serveste fierbinte.

cartofi și ouă

Kick cu Uuova

Face 4 portii

Piureul de cartofi cu ouă este o combinație clasică găsită în sudul Italiei. Dacă doriți, puteți prăji un ardei sau o ceapă feliate mărunt, sau ambele, împreună cu cartofii. Serviți cu cârnați pentru brunch sau umpleți cartofi și ouă pe pâine italiană ca un sandviș erou.

1/4 cană ulei de măsline

4 cartofi noi, decojiți și tăiați în felii de 1/4 inch

Sare

8 ouă mari

piper negru proaspăt măcinat

1. Într-o tigaie antiaderentă de 9 inci, încălziți uleiul la foc mediu. Uscați feliile de cartofi și puneți-le în tigaie. Gătiți, întorcând bucățile frecvent, până când cartofii sunt aurii și fragezi, aproximativ 10 minute. Se presară cu sare.

2.Într-un castron mediu, bate ouăle cu sare și piper, după gust. Turnați ouăle în tigaie și lăsați-le să stea puțin. Întoarceți cartofii și ouăle cu o spatulă sau o lingură, astfel încât ouăle crude să se ridice la suprafața cratiței. Lasam ouale sa se aseze si amestecam din nou. Repetați amestecarea și gătirea până când ouăle sunt moi după gust, aproximativ 2 până la 3 minute. Se serveste fierbinte.

Omletă cu ouă și ciuperci

ouă cu ciuperci

Face 4 portii

Ouale omleta cu ciuperci sunt bune pentru o cina usoara sau un brunch. Ciupercile albe sunt bune, dar ciupercile sălbatice adaugă o aromă grozavă de pământ.

3 linguri de unt nesarat

1 ceapa mica, tocata marunt

2 cani de ciuperci feliate

Sare și piper negru proaspăt măcinat

8 ouă mari

1. Într-o tigaie antiaderentă de 9 inci, topește untul la foc mediu. Se adauga ceapa, ciupercile, sare si piper dupa gust. Gatiti, amestecand din cand in cand, pana cand ciupercile se rumenesc, aproximativ 10 minute.

2. Într-un castron mediu, bate ouăle cu sare și piper, după gust. Acoperiți legumele cu ouă și lăsați-le să stea puțin. Întoarceți

ciupercile și ouăle cu o spatulă sau o lingură, astfel încât ouăle crude să se ridice la suprafața cratiței. Lasam ouale sa se aseze si amestecam din nou. Repetați amestecarea și gătirea până când ouăle sunt moi după gust, aproximativ 2 până la 3 minute. Se serveste fierbinte.

Frittata cu ceapa si rucola

Cipolle și Rughetta Frittata

Face 4 portii

Într-o zi, o veche prietenă a mamei mele din Palermo, Sicilia, a venit în vizită. O știam drept Zia Millie, deși nu era mătușă cu adevărat. S-a oferit să facă o salată pentru masa noastră și a întrebat dacă avem ceapă blândă, precum soiurile roșii sau albe. Avea doar ceapă galbenă, pe care o folosesc de obicei la gătit, dar a spus că ar fi bine. A tăiat ceapa în felii subțiri și a înmuiat-o în apă rece, care a alungat sucurile tari. Când eram gata să mâncăm salata, ceapa era la fel de dulce ca orice soi mai blând. Folosesc des această metodă atunci când vreau o aromă ușoară de ceapă.

Aceasta frittata din Puglia este asezonata cu ceapa si rucola. Înlocuiți nasturel sau frunze de spanac dacă nu aveți rucola.

2 cepe medii, feliate subțiri

3 linguri de ulei de măsline

1 buchet mare de rucola, tăiată din tulpini dure, tăiată în bucăți mici (aproximativ 2 căni)

8 ouă mari

¼ cană Parmigiano-Reggiano proaspăt ras

Sare și piper negru proaspăt măcinat

1. Pune ceapa într-un vas cu apă rece pentru a se acoperi. Se lasa sa stea 1 ora, schimband apa o data sau de doua ori, pana ce ceapa are un gust dulce. Scurgeți și uscați.

2. Turnați ulei într-o tigaie antiaderentă de 9 inci. Adăugați ceapa. Gatiti la foc mic, amestecand din cand in cand, pana ce ceapa este moale si aurie, aproximativ 10 minute. Se amestecă rucola până se înmoaie, aproximativ 1 minut.

3.3 Într-un castron mediu, amestecați ouăle, brânza, sare și piper, după gust. Turnați ouăle peste legumele din tigaie și reduceți focul. Acoperiți și gătiți până când ouăle sunt întărite, dar încă umede în centru, iar frittata se rumenește ușor pe fund, aproximativ 5 până la 10 minute.

4. Folosind spatula ca ghid, glisați frittata pe farfurie. Întoarceți tigaia pe o farfurie și întoarceți rapid atât farfuria, cât și tigaia, astfel încât frittata să fie din nou în tigaie, cu partea fiartă în sus. Gatiti pana se fixeaza in centru, inca 5 minute. Sau, dacă

nu doriți să întoarceți, glisați tigaia sub broiler timp de 3 până la 5 minute, sau până când ouăle sunt gata după bunul plac.

5. Transferați frittata pe o farfurie de servire și tăiați-o felii. Se serveste fierbinte sau la temperatura camerei.

Frittata de busuioc cu dovlecei

frittata de dovlecel

Face 4 portii

Mama a crescut dovleci în mica noastră curte din Brooklyn. În vârful sezonului, au crescut atât de repede încât abia le puteam folosi suficient de repede. Așa că mama a făcut această frittata simplă pe care am mâncat-o cu o salată de roșii proaspete. Dovlecii de casă nu erau mai mari decât un hot dog, moale și parfumați, cu semințe minuscule și coaja subțire.

3 linguri de ulei de măsline

2-3 dovlecei mici (aproximativ 1 kg), spalati si tocati

8 ouă mari

1/4 cană Parmigiano-Reggiano proaspăt ras

6 frunze de busuioc proaspăt, stivuite și tăiate în felii subțiri

Sare și piper negru proaspăt măcinat

1. Într-o tigaie antiaderentă de 9 inci, încălziți uleiul la foc mediu-mare. Adăugați dovleceii și gătiți, întorcându-le din când în când, până când dovleceii se rumenesc bine, aproximativ 12 minute.

2. Într-un castron mare, bateți ouăle, brânza, busuiocul și sare și piper după gust. Reduceți căldura la mediu. Se toarnă amestecul peste dovlecel. Ridicați marginile frittatei pe măsură ce se întărește pentru a permite oului crud să ajungă la suprafața cratiței. Gătiți până când ouăle sunt întărite, dar încă umede în centru, iar frittata se rumenește ușor pe fund, aproximativ 5 până la 10 minute.

3. Glisați frittata pe o farfurie, apoi răsturnați tigaia pe o farfurie. Întoarceți rapid atât farfuria, cât și tigaia, astfel încât frittata să se gătească cu susul în jos. Gatiti pana se fixeaza in centru, inca 5 minute. Sau, dacă nu doriți să-l răsturnați, glisați tigaia sub broiler timp de 3 până la 5 minute sau până când este gata după bunul plac. Se serveste fierbinte sau la temperatura camerei.

4. Transferați frittata pe o farfurie de servire și tăiați-o felii. Se serveste cald sau rece si se serveste rece.

Hundred Herb Frittata

Cento Herb Frittata

Face 4 portii

Deşi în mod normal folosesc doar cinci sau şase ierburi în această frittată Friuli-Venezia Giulia, numele sugerează că posibilităţile sunt mult mai mari şi poţi folosi orice ierburi proaspete pe care le ai la îndemână. Pătrunjelul proaspăt este esenţial, dar dacă celelalte ierburi pe care le ai la îndemână sunt uscate, foloseşte doar un praf sau îţi vor copleşi aromele.

8 ouă mari

1/4 cană Parmigiano-Reggiano proaspăt ras

2 linguri de patrunjel plat proaspat tocat marunt

2 linguri de busuioc proaspăt tocat mărunt

1 lingura de arpagic proaspat tocat

1 lingurita tarhon proaspat tocat

1 lingurita de cimbru proaspat tocat marunt

Sare și piper negru proaspăt măcinat

2 linguri de ulei de măsline

1. Într-un castron mare, bateți ouăle, brânza, ierburile și sare și piper, după gust, până se combină bine.

2. Într-o tigaie antiaderentă de 9 inci, încălziți uleiul la foc mediu. Turnați amestecul de ouă în tigaie. Ridicați marginile frittatei pe măsură ce se întărește pentru a permite oului crud să ajungă la suprafața cratiței. Gătiți până când ouăle sunt întărite, dar încă umede în centru, iar frittata se rumenește ușor pe fund, aproximativ 5 până la 10 minute.

3. Glisați frittata pe o farfurie, apoi răsturnați tigaia pe o farfurie. Întoarceți rapid atât farfuria, cât și tigaia, astfel încât frittata să se gătească cu susul în jos. Gatiti pana se fixeaza in centru, inca 5 minute. Sau, dacă nu doriți să-l răsturnați, glisați tigaia sub broiler timp de 3 până la 5 minute sau până când este gata după bunul plac. Se serveste fierbinte sau la temperatura camerei.

frittata de spanac

Frittata cu spanac

Face 4 portii

În această frittată puteți folosi spanac, scarola, smog elvețian sau alte verdețuri. Se serveste cu ciuperci sotate si rosii tocate.

1 kilogram de spanac proaspăt tocat

¼ cană de apă

Sare

8 ouă mari

¼ cană smântână groasă

½ cană Parmigiano-Reggiano proaspăt ras

2 linguri de unt nesarat

1. Puneti spanacul, apa si sare dupa gust intr-o oala mare. Acoperiți și gătiți la foc mediu până se ofilesc, aproximativ 5 minute. Scurgeți bine. Se va raci usor. Așezați spanacul pe un prosop de bucătărie și strângeți pentru a extrage lichidul.

2. Într-un castron mare, bateți ouăle, smântâna, brânza și sare și piper după gust. Adăugați spanacul.

3. Într-o tigaie antiaderentă de 9 inci, topește untul la foc mediu. Se toarnă amestecul în tigaie. Ridicați marginile frittatei pe măsură ce se întărește pentru a permite oului crud să ajungă la suprafața cratiței. Gătiți până când ouăle sunt întărite, dar încă umede în centru, iar frittata se rumenește ușor pe fund, aproximativ 5 până la 10 minute.

4. Glisați frittata pe o farfurie, apoi răsturnați tigaia pe o farfurie. Întoarceți rapid atât farfuria, cât și tigaia, astfel încât frittata să se gătească cu susul în jos. Gatiti pana se fixeaza in centru, inca 5 minute. Sau, dacă nu doriți să-l răsturnați, glisați tigaia sub broiler timp de 3 până la 5 minute sau până când este gata după bunul plac. Se serveste fierbinte sau la temperatura camerei.

Ciuperci și Fontina Frittata

Ciuperci și Fontina Frittata

Face 4 portii

Fontina autentică Valle d'Aosta are o aromă de ciupercă lemnoasă și se asortează bine cu orice fel de mâncare cu ciuperci. Dacă preferați ciupercile albe, folosiți ciuperci sălbatice.

3 linguri de unt nesarat

8 uncii de ciuperci, tăiate în jumătate sau în sferturi dacă sunt mari

Sare și piper negru proaspăt măcinat

8 ouă mari

2 linguri de patrunjel plat proaspat tocat

4 uncii Fontina Valle d'Aosta, feliate

1. Într-o tigaie antiaderentă de 9 inci, topește untul la foc mediu. Adaugati ciupercile si asezonati dupa gust. Gatiti, amestecand des, pana cand ciupercile se rumenesc, aproximativ 10 minute.

2. Intr-un castron mare, batem ouale cu patrunjelul si asezonam dupa gust. Reduceți căldura la mediu. Se toarnă amestecul peste ciuperci. Ridicați marginile frittatei pe măsură ce se întărește pentru a permite oului crud să ajungă la suprafața cratiței. Acoperiți și gătiți pănă când ouăle sunt întărite, dar încă umede în centru, iar frittata se rumenește ușor pe fund, aproximativ 5 până la 10 minute.

3. Puneți deasupra felii de brânză. Puneți tigaia sub broiler și gătiți 1 până la 3 minute sau până când brânza se topește și ouăle sunt moi după gust. Sau, dacă preferați, acoperiți tigaia și gătiți timp de 3 până la 5 minute, până când brânza se topește și ouăle sunt gata după gust.

4. Glisați frittata pe o farfurie de servire. Se serveste fierbinte.

Frittata de spaghete napolitane

spaghetti frittata

Face 6 portii

La o adunare de familie în urmă cu câțiva ani, o rudă îndepărtată a început să vorbească despre rețetele ei preferate. Ea a descris pâinea cu crustă aurie umplută cu carne și brânză pe care copiii ei o tot cereau. Am notat instrucțiunile tale și am încercat acasă. A avut un gust la fel de bun cum a spus ea, iar de atunci am aflat că este o rețetă tradițională napolitană. Deși ați putea face spaghete doar pentru acest fel de mâncare, în mod tradițional sunt făcute din resturi.

8 ouă mari

1/2 cană Parmigiano-Reggiano sau Pecorino Romano proaspăt ras

Sare și piper negru proaspăt măcinat

12 uncii spaghete sau alte paste, fierte și scurse

4 uncii de salam, prosciutto sau șuncă italiană importată, feliate subțiri

2 linguri de ulei de măsline

8 uncii de mozzarella, feliată subțire

1. Într-un castron mare, bateți ouăle, brânza, sare și piper după gust. Adăugați spaghetele și salamul.

2. Într-o tigaie antiaderentă de 9 inci, încălziți uleiul la foc mediu. Adăugați jumătate din amestecul de spaghete. Aranjați deasupra felii de brânză. Turnați amestecul de paste rămas peste brânză.

3. Reduceți căldura la minim. Gatiti spaghetele, niveland suprafata din cand in cand astfel incat pastele sa se lipeasca si sa formeze o prajitura. După aproximativ 5 minute, treceți cu o spatulă pe marginea tăvii și ridicați ușor tortul pentru a vă asigura că nu se lipește. Coaceți până când ouăle se întăresc și frittata se rumenește ușor pe fund, aproximativ 15 până la 20 de minute.

4. Glisați frittata pe o farfurie, apoi răsturnați tigaia pe o farfurie. Întoarceți rapid atât farfuria, cât și tigaia, astfel încât frittata să se gătească cu susul în jos. Gatiti pana se fixeaza in centru, inca 5 minute. Sau, dacă nu doriți să-l răsturnați, glisați tigaia sub broiler timp de 3 până la 5 minute sau până când este

gata după bunul plac. Se serveste fierbinte sau la temperatura camerei.

Paste Frittata

paste frittata

Face 4 portii

Orice pastă rămasă poate fi reciclată în această frittata delicioasă. Nu conteaza daca pastele sunt simple sau cu sos de rosii, sos de carne sau legume, aceasta frittata iese intotdeauna delicioasa. Improvizați adăugând cârnați feliați, șuncă, brânză sau legume fierte mărunțite. Sumele nu sunt chiar importante.

6 ouă mari

1/2 cană Parmigiano-Reggiano proaspăt ras

Sare și piper negru proaspăt măcinat

8 uncii de paste fierte, cu sau fără sos

2 linguri de ulei de măsline

1. Într-un castron mare, bateți ouăle, brânza, sare și piper după gust. Adăugați pastele fierte.

2. Într-o tigaie antiaderentă de 9 inci, încălziți uleiul la foc mediu. Adăugați amestecul de paste și apăsați până se

omogenizează. Gătiți până când ouăle sunt întărite, dar încă umede în centru, iar frittata se rumenește ușor pe fund, aproximativ 10 minute.

3. Glisați frittata pe o farfurie, apoi răsturnați tigaia pe o farfurie. Întoarceți rapid atât farfuria, cât și tigaia, astfel încât frittata să se gătească cu susul în jos. Gatiti pana se fixeaza in centru, inca 5 minute. Sau, dacă nu doriți să-l răsturnați, glisați tigaia sub broiler timp de 3 până la 5 minute sau până când este gata după bunul plac. Se serveste fierbinte sau la temperatura camerei.

tortilla mici

frittatina

Face 6 portii

Tortilele în miniatură, gătite într-o tigaie precum clătitele, sunt bune pentru a fi servite ca parte a unui sortiment de antipasto sau ca umplutură de sandvici. Această variantă, făcută cu praz și varză, este din Piemont.

Aproximativ 1/4 cană ulei de măsline

3 căni de varză mărunțită mărunt

1 praz mediu, tăiat și feliat subțire

6 ouă mari

1/2 cană Parmigiano-Reggiano proaspăt ras

1/2 lingurițe de sare

piper negru proaspăt măcinat

1. Într-o tigaie grea antiaderentă de 9 inci, încălziți 3 linguri de ulei la foc mediu-mic. Adăugați varza și prazul. Acoperiți

tigaia și gătiți, amestecând din când în când, până când varza este moale, aproximativ 30 de minute. Lasă-l să se răcească.

2. Într-un castron mediu, bateți ouăle, brânza, sare și piper după gust. Adăugați amestecul de legume.

3. Unge ușor o grătar sau o tigaie mare antiaderentă. Se încălzește la foc mediu.

4. Se amestecă amestecul de ouă și se toarnă 1/4 cană în tigaie, lăsând aproximativ 4 inci între tortilla. Se netezește ușor cu dosul lingurii. Gătiți până când ouăle se întăresc și tortillale încep să se rumenească pe fund, aproximativ 2 minute. Folosind un turnător de clătite, întoarceți tortilla și prăjiți cealaltă parte pentru încă 1 minut. Pune tortilla pe o farfurie.

5. Gătiți tortillale rămase în același mod. Se serveste fierbinte sau la temperatura camerei.

Frittata cu floare de ricotta si dovlecel

Frittata di Fiori și Ricotta

Face 4 portii

Florile de dovlecel nu sunt doar frumoase, ci și delicioase de mâncat, pe care italienii le cunosc bine. Piața mea locală de fermieri a avut o abundență de flori de dovleac sâmbătă. Am cumparat-o pentru umplut si prajit, dar mai aveam multe, asa ca am facut aceasta frittata cu florile ramase. A fost fragedă și delicioasă; De atunci am făcut-o de câteva ori pentru brunch.

Se poate face și doar cu ricotta dacă nu aveți flori de dovlecel.

2 linguri de unt nesarat

6 flori de dovlecel sau alte flori de dovleac, clătite și uscate

6 ouă mari, bătute

1/4 cană Parmigiano-Reggiano proaspăt ras

Sare si piper proaspat macinat

1 cană de ricotta

1. Într-o tigaie antiaderentă de 9 inci, topește untul la foc mediu. Aranjați florile de dovlecel în tigaie în formă de roată.

2. Într-un castron mediu, bateți ouăle, parmezanul, sare și piper după gust. Turnați cu grijă amestecul peste flori fără a le deranja. Așezați cuburile de ricotta în jurul tigaii. Ridicați marginile frittatei pe măsură ce se întărește pentru a permite oului crud să ajungă la suprafața cratiței. Gătiți până când ouăle sunt întărite, dar încă umede în centru, iar frittata se rumenește ușor pe fund, aproximativ 5 până la 10 minute.

3. Glisați frittata pe o farfurie, apoi răsturnați tigaia pe o farfurie. Întoarceți rapid atât farfuria, cât și tigaia, astfel încât frittata să se gătească cu susul în jos. Gatiti pana se fixeaza in centru, inca 5 minute. Sau, dacă nu doriți să o răsturnați, glisați tigaia sub broiler timp de 3 până la 5 minute, sau până când ouăle sunt gata după bunul plac. Se serveste fierbinte sau la temperatura camerei.

Fâșii de tortilla în sos de roșii

Fettuccine de la Frittata

Face 4 portii

Fara paste? Nici o problema. Faceți o frittata subțire și tăiați în fâșii care seamănă cu fettuccine. Deși este cunoscut sub numele de fettuccine di frittata în Italia, la Roma acest fel de mâncare se numește trippe finte, ceea ce se traduce prin trippă falsă, deoarece fâșiile de ou în această metodă seamănă cu măruntaiele. Serviți la prânz sau cină cu orice legume de sezon sau salată verde.

   2 căni<u>sos de rosii proaspat</u>SAU<u>Sos de rosii toscan</u>

8 ouă mari

¼ cană de Parmigiano-Reggiano proaspăt ras, plus mai mult pentru servire

1 lingura patrunjel plat proaspat tocat

1 lingurita de sare

piper negru proaspăt măcinat

2 linguri de unt nesarat

1. Dacă este necesar, pregătiți sosul de roșii. Apoi așezați grătarul în centrul cuptorului. Preîncălziți cuptorul la 400°F. Ungeți generos cu unt o tavă de copt de 13 pe 9 pe 2 inci.

2. Într-un castron mediu, batem ouăle, 1/4 cană de brânză, pătrunjelul, sare și piper după gust. Se toarnă amestecul de ouă în tava pregătită. Coaceți timp de 8 până la 10 minute, sau până când ouăle sunt întărite și un cuțit introdus în centru iese curat.

3. Treceți un cuțit pe marginea tigaii. Întoarceți ouăle pe o masă de tăiat. Tăiați tortilla în fâșii de 1/2 inch.

4. Într-o tigaie antiaderentă de 9 inci, încălziți sosul la foc mic până se topește. Pune fasiile de ou in sos. Gatiti, amestecand usor, timp de 2-3 minute. Se serveste fierbinte cu branza rasa.

Biban de mare cu pesmet de măsline

măsline întreg Branzino

Face 4 portii

Măslinii cresc din abundență în toată Toscana. Cele mai multe măsline sunt presate pentru a face ulei, dar bucătarii încă mai au la dispoziție o mulțime de măsline gustoase. Aici puteți gusta pesmetul întins pe fileurile de biban.

3/4 cană de pesmet uscat, de preferință de casă

1/3 cană măsline negre moi tocate fin

1 catel de usturoi, tocat marunt

1 lingura patrunjel plat proaspat tocat

1 lingurita de coaja de lamaie

Sare

piper negru proaspăt măcinat

Aproximativ 1/4 cană ulei de măsline

11/2 kilograme de biban de mare sau alte file de pește alb ferme, fără piele

1. Așezați grătarul în centrul cuptorului. Preîncălziți cuptorul la 450 ° F. Ungeți o tavă mare de copt.

2. Puneti pesmet, masline, usturoi, patrunjel, coaja de lamaie, un praf de sare si piper negru dupa gust. Adăugați ulei de măsline și amestecați bine.

3. Aranjați peștele în tigaie într-un singur strat. Puneți firimiturile deasupra fileului.

4. Coaceți timp de 8 până la 10 minute, în funcție de grosimea peștelui, sau până când pesmetul este maro auriu și pestele este doar opac când este tăiat în partea cea mai groasă. Serviți imediat.

Biban cu ciuperci

Branzino alla Romana

Face 4 portii

A pune o umplutură gustoasă între două fileuri de pește fără oase este o modalitate excelentă de a obține aroma peștelui umplut fără a avea de-a face cu oasele. Se poate folosi orice file de peste mare, cum ar fi somonul, grupul sau pestele gras. Alegeți două fripturi de dimensiuni și formă similare.

4 linguri de ulei de măsline

3 cepe verde, tocate

1 catel de usturoi, tocat

8 uncii de ciuperci albe, feliate și tocate

2 fileuri de hamsii, tocate

Sare și piper negru proaspăt măcinat

1/2 căni de vin alb sec

2 linguri de patrunjel plat proaspat tocat

2 linguri de pesmet neted

2 fileuri de biban de mare, grupare sau file de ulei de formă similară (aproximativ 3/4 de lire fiecare), cu pielea îndepărtată

1. Așezați grătarul în centrul cuptorului. Preîncălziți cuptorul la 400°F. Ungeți o tigaie suficient de mare pentru a ține fileurile stivuite.

2. Turnați 3 linguri de ulei într-o tigaie mare. Adăugați ceapa și usturoiul și gătiți la foc mediu până se înmoaie, aproximativ 5 minute. Adaugati ciupercile, hamsii, sare si piper dupa gust. Gatiti 5 minute, amestecand din cand in cand. Adăugați vinul și gătiți timp de 15 minute sau până când lichidul s-a evaporat. Se ia de pe foc si se adauga patrunjel si pesmet.

3. Puneți fileul cu pielea în jos pe tigaie.

4. Întindeți aproximativ două treimi din amestecul de ciuperci pe fileul din tigaie. Acoperiți cu al doilea file, cu pielea în jos, și întindeți deasupra restul amestecului de ciuperci. Stropiți cu lingura rămasă de ulei.

5. Coaceți timp de 15 până la 20 de minute, în funcție de grosime, sau până când peștele este doar opac când este tăiat în partea cea mai groasă. Se serveste fierbinte.

File de căptușă cu piure de măsline și roșii

Rombul cu pasta de masline

Face 4 portii

Un borcan mare de pastă de măsline negre din Italia și câteva roșii coapte m-au inspirat să creez această rețetă delicioasă.

1½ kilograme de cârpă, biban de mare sau alte fileuri groase de pește alb

2 linguri pasta de masline negre sau masline negre moi tocate foarte marunt

2 roșii medii, tăiate cubulețe

6 frunze de busuioc proaspăt, rulate și tăiate în cruce în fâșii subțiri

1. Așezați grătarul în centrul cuptorului. Preîncălziți cuptorul la 450 ° F. Ungeți o tavă suficient de mare pentru a ține fileurile într-un singur strat.

2. Puneți fileurile în tigaie într-un singur strat. Ungeți fileurile cu pastă de măsline. Presărați peștele cu roșii și busuioc.

3. Coaceți timp de 8 până la 10 minute, în funcție de grosime, până când peștele este doar opac când este tăiat în partea cea mai groasă. Serviți imediat.

cod prăjit

Merluzzo alla Griglia

Face 4 portii

Snapper roșu, grupul și mahi-mahi sunt alte opțiuni bune pentru acest pește de bază la grătar. servesc cu<u>Piure de cartofi cu măsline și pătrunjelABroccoli cu ulei si lamaie</u>.

1 1/2 kg file de cod proaspăt

3 linguri de ulei de măsline

2 linguri de otet de vin rosu

2 catei de usturoi, feliati subtiri

1 lingurita de oregano uscat, tocat

Sare și piper negru proaspăt măcinat

2 linguri de patrunjel plat proaspat tocat

1 lămâie, tăiată felii

1. Preîncălziți broilerul la foc mare. Ungeți o tavă suficient de mare pentru a ține peștele într-un singur strat. Puneți peștele în tigaie.

2. Amesteca uleiul, otetul, usturoiul, oregano si sare si piper dupa gust. Se toarnă amestecul peste fileul de pește. Se presară jumătate din pătrunjel.

3. Peștele la grătar timp de 8 până la 10 minute, în funcție de grosime, sau până când este complet opac când este tăiat în partea cea mai groasă. Se presară cu pătrunjelul rămas. Se serveste fierbinte, cu felii de lamaie.

Pește în „Apa nebună"

Pește în Acqua Pazza

Face 4 portii

Nu este sigur de ce acest mod napolitan de a găti peștele se numește agua loca, dar este probabil o referire la apa de mare pe care pescarii o foloseau cândva pentru a-și găti captura proaspătă. Deși această metodă este folosită în general pentru gătitul peștelui întreg, am constatat că funcționează bine și cu fileuri. Utilizați o varietate fermă care își va păstra forma când este gătită.

3 linguri de ulei de măsline

1 cățel de usturoi, feliat subțire

4 roșii prune, tăiate în jumătate, fără semințe și tocate

1 lingura patrunjel plat proaspat tocat

Un praf de piper rosu macinat

1/2 cană apă

Sarat la gust

1 1/2 kilograme de file de pește tari, cum ar fi halibut, lipa sau sebastă

1. Turnați ulei de măsline într-o tigaie mare. Adăugați usturoiul și gătiți la foc mediu până devine auriu, aproximativ 5 minute. Se adauga rosiile, patrunjelul, ardeiul rosu, apa si sare dupa gust. Se aduce la fierbere și se fierbe timp de 5 minute.

2. Adăugați peștele în tigaie și acoperiți cu sosul. Acoperiți și gătiți timp de 5 până la 10 minute sau până când peștele este doar opac când este tăiat în partea cea mai groasă. Se serveste fierbinte.

Pește albastru cu lămâie și mentă

Pește Azzurro cu Limone

Face 4 portii

Deoarece au un conținut mai mare de grăsimi decât alte soiuri, peștele cu carne închisă, ca și peștele gras, are o aromă mai puternică. Italienii din sud le gătesc într-o marinată gustoasă și răcoritoare cu usturoi, mentă și lămâie.

2 catei mari de usturoi, tocati marunt

3 linguri de ulei de măsline

1/4 cană de suc proaspăt de lămâie

1/2 lingurițe de coajă de lămâie proaspăt rasă

Sare si piper negru proaspat macinat dupa gust

1/4 cană de mentă proaspătă tocată

11/2 kilograme de pește gras sau file de macrou

1. Într-un castron puțin adânc, amestecați usturoiul, uleiul de măsline, zeama de lămâie, coaja, sare și piper. Adăugați

menta. Adăugați peștele și întoarceți fileurile pentru a acoperi toate părțile. Acoperiți și marinați timp de 1 oră la frigider.

2. Preîncălziți grătarul. Puneți peștele în tigaie, cu pielea în jos. Gătiți fileurile, ungând o dată cu marinada, timp de 8 până la 10 minute, în funcție de grosimea peștelui, sau până când sunt ușor rumenite și doar opace în partea cea mai groasă. Nu este nevoie să întoarceți peștele. Se serveste fierbinte.

talpă căptușită

sogliole la cuptor

Face 4 portii

Prezența stafidelor, nucilor de pin și a caperelor în această umplutură gustoasă este de obicei o caracteristică a mâncărurilor siciliene, deși această rețetă provine din Liguria. Indiferent de proveniență, umplutura pune în evidență fileul de pește alb. Alegeți un file mare și subțire, cum ar fi halibut sau lipa.

1/2 cană pesmet simplu

2 linguri de nuci de pin

2 linguri de stafide

2 linguri de capere, clătite și scurse

1 lingura patrunjel plat proaspat tocat

1 cățel mic de usturoi, tocat mărunt

3 linguri de ulei de măsline

2 linguri de suc proaspăt de lămâie

Sare și piper negru proaspăt măcinat

4 fileuri mari de limbă de limbă, lipă sau alte file subțiri (aproximativ 1 1/2 lire)

1. Așezați grătarul în centrul cuptorului. Preîncălziți cuptorul la 400°F. Ungeți o tavă mare de copt.

2. Amestecați pesmetul, nucile de pin, stafidele, caperele, pătrunjelul și usturoiul. Adaugati 2 linguri ulei, zeama de lamaie, sare si piper dupa gust.

3. Pune deoparte 2 linguri din amestecul de pesmet. Împărțiți restul în jumătate din fiecare filă. Îndoiți fileul astfel încât umplutura să fie introdusă. Așezați fileurile pe o tavă de copt. Se presară cu amestecul de pesmet rezervat. Stropiți cu restul de 1 lingură de ulei.

4. Coaceți timp de 6 până la 8 minute sau până când tăiați partea cea mai groasă. Se serveste fierbinte.

Rulouri cu limbă cu busuioc și migdale

Sogliola cu busuioc si Mandorle

Face 4 portii

Andrea Felluga de la crama Livio Felluga ne-a luat pe mine și pe soțul meu sub aripa lui și ne-a arătat regiunea Friuli-Venezia Giulia. Unul dintre locurile memorabile pe care le-am vizitat a fost Grado de pe coasta Adriaticii. Grado este situat pe o insulă și a fost un refugiu pentru cetățenii romani din apropierea Aquileia, care au fugit de atacul lui Attila Hunul în secolul al V-lea. Astăzi este o stațiune de plajă, deși puțini italieni par să viziteze, în schimb în apropierea Veneției. . Am mâncat limba preparată în acest fel la Restaurant Colussi, un restaurant plin de viață care servește preparate tipice din regiune.

4 fileuri mari de limbă de limbă, lipă sau alte file subțiri (aproximativ 11/2 lire)

Sare și piper negru proaspăt măcinat

6 frunze de busuioc proaspat, tocate marunt

2 linguri de unt nesarat, topit

1 lingura de suc proaspat de lamaie

1/4 cană de migdale sau nuci de pin mărunțite

1. Așezați grătarul în centrul cuptorului. Preîncălziți cuptorul la 350 ° F. Ungeți o tavă mai mică.

2. Tăiați fileurile de talpă în jumătate pe lungime. Așezați fileurile cu pielea în sus pe o suprafață plană și stropiți cu sare și piper. Stropiți cu jumătate de busuioc, unt și zeamă de lămâie. Începând de la capătul cel mai lat, rulați bucățile de pește. Pune rulourile în tava de copt, cu cusătura în jos. Stropiți cu sucul de lămâie rămas și untul. Presărați deasupra busuiocul și nucile rămase.

3. Coaceți peștele timp de 15 până la 20 de minute sau până când devine opac când este tăiat în partea cea mai groasă. Se serveste fierbinte.

Ton marinat în stil sicilian

ton asezonat

Face 4 portii

Tonul din această rețetă este ușor aburit și apoi îmbrăcat cu ierburi proaspete și condimente. Ar fi un preparat de vară răcoros și răcoritor servit pe un pat de salată verde cu frunze sau rucola cu salată de cartofi.

1 1/4 livre fripturi de ton, de aproximativ 3/4 inci grosime

2 linguri de otet de vin rosu

Sare

3 până la 4 linguri de ulei de măsline extravirgin

1 catel de usturoi, tocat marunt

2 linguri de patrunjel plat proaspat tocat

1 lingura de menta proaspata tocata

1/2 lingurițe de ardei roșu măcinat

1. Umpleți o oală care se potrivește pe un suport pentru aburi cu 1/2 inch de apă. Aduceți apa la fiert. Între timp, tăiați tonul în fâșii de 1/2 inch grosime. Puneți peștele pe suportul pentru aburi. Așezați suportul în oală. Acoperiți oala și lăsați tonul să se aburească timp de 3 minute sau până când devine roz în centru. Testați banii făcând o tăietură mică în partea cea mai groasă a peștelui.

2. Amestecă oțetul și sarea într-un castron adânc. Adăugați ulei, usturoi, ierburi și ardei roșu măcinat. Adăugați bucățile de ton.

3. Lăsați să stea aproximativ 1 oră înainte de servire.

Frigarui de ton portocaliu

Tonno Spiedini

Face 4 portii

În fiecare primăvară, pescarii sicilieni se adună pentru mattanza, uciderea tonului. Acest maraton ritual de pescuit implică numeroase bărci mici pline cu bărbați care culeg tonul migrator într-o serie de plase din ce în ce mai mici până când sunt prinși. Peștii uriași sunt apoi uciși și aduși la bordul navelor. Procesul este laborios, iar bărbații cântă cântece speciale în timp ce lucrează, pe care istoricii datează din Evul Mediu sau chiar mai devreme. Deși practica este pe cale de dispariție, există încă câteva locuri de-a lungul coastelor de nord și de vest unde are loc mattanza.

Sicilianii au nenumărate moduri de a găti tonul. Aroma portocalei prăjite și ierburile din ea prefigurează gustul tentant al bucăților solide de pește.

1 1/2 kilograme de ton proaspăt, pește-spadă sau file de somon (aproximativ 1 inch grosime)

1 portocală de buric, tăiată în 16 bucăți

1 ceapa rosie mica, taiata in 16 bucati

2 linguri de ulei de măsline

2 linguri de suc proaspăt de lămâie

1 lingura de rozmarin proaspat tocat

Sare și piper negru proaspăt măcinat

6 până la 8 frunze de dafin

1. Tăiați tonul în bucăți de 1 1/2 inch. Într-un castron mare, amestecați tonul, portocala și bucățile de ceapă roșie cu uleiul de măsline, zeama de lămâie, rozmarinul și sare și piper după gust.

2. Așezați grătarul sau broilerul la aproximativ 5 inci de sursa de căldură. Preîncălziți grătarul sau grătarul.

3. Pe 8 frigarui se aranjeaza tonul, feliile de portocala, ceapa si frunza de dafin.

4. Se caleste sau se gratareste pana cand tonul devine maro auriu, aproximativ 3-4 minute. Întoarceți frigăruile și gătiți până când devin aurii pe exterior, dar încă roz în centru, încă

aproximativ 2 minute, sau până când sunt gata după bunul plac. Se serveste fierbinte.

Ton și ardei la grătar în stil molise

Tonno și pepperoni

Face 4 portii

Ardeii și ardeii iute sunt unul dintre semnele distinctive ale gătitului în stil molise. Am făcut mai întâi acest fel de mâncare cu macrou, care seamănă cu macroul, dar îl fac adesea cu friptură de ton sau pește-spadă.

4 ardei roșu sau galben

4 fripturi de ton (fiecare de aproximativ 3/4 inci grosime)

2 linguri de ulei de măsline

Sare și piper negru proaspăt măcinat

1 lingura de suc proaspat de lamaie

2 linguri de patrunjel plat proaspat tocat

1 jalapeño mic sau alt ardei iute proaspăt, tocat fin sau zdrobit, după gust

1 catel de usturoi, tocat marunt

1. Așezați grătarul sau tigaia la aproximativ 5 inci de sursa de căldură. Setați grătarul la foc mediu-mare sau preîncălziți grătarul.

2. Prăjiți sau grătar ardeii, întorcându-le des, până când se formează pielea și se carbonizează ușor, aproximativ 15 minute. Puneți ardeiul într-un bol și acoperiți cu folie de aluminiu sau folie de plastic.

3. Unge fileurile de ton cu ulei și asezonează după gust. Peștele la grătar sau la grătar până se rumenește pe o parte, aproximativ 2 minute. Întoarceți peștele cu clești și gătiți până când devine maro auriu pe cealaltă parte, dar încă roz în centru, încă aproximativ 2 minute, sau până când este după bunul plac. Testați banii făcând o tăietură mică în partea cea mai groasă a peștelui.

4. Ardeii se curăță, se curăță de coajă și se semințe. Tăiați ardeiul în fâșii de 1/2 inch și puneți-l într-un castron. Se condimentează cu 2 linguri de ulei, zeama de lamaie, patrunjel, ardei iute, usturoi si sare dupa gust. Se amestecă ușor.

5. Tăiați peștele în felii de 1/2 inch. Asezati feliile putin suprapuse pe o farfurie de servire. Pune ardeii deasupra. Serviți cald.

Ton la gratar cu lamaie si oregano

Tonno alla Griglia

Face 4 portii

Când am vizitat prima dată Sicilia în 1970, nu erau prea multe restaurante; tot ce exista părea să servească aceluiași nume. Am mâncat fripturi de ton sau pește-spadă pregătite în acest fel practic la fiecare prânz și cină. Din fericire, a fost întotdeauna bine pregătit. Sicilienii își taie fileurile de pește doar de 1/2 inch grosime, dar eu le prefer de 1 inch grosime ca să nu se gătească prea mult. Tonul este cel mai bine umed și fraged când este gătit până când centrul este roșu sau roz, în timp ce peștele-spadă ar trebui să fie ușor roz. Deoarece are cartilaj care trebuie să se înmoaie, rechinul poate dura puțin mai mult să se gătească.

4 fripturi de ton, pește-spadă sau rechin, de aproximativ 1 inch grosime

Ulei de masline

Sare și piper negru proaspăt măcinat

1 lingura de suc de lamaie proaspat stors

1/2 linguriţe de oregano uscat

1. Aşezaţi grătarul sau grătarul la aproximativ 5 inci de sursa de căldură. Preîncălziţi grătarul sau grătarul.

2. Ungeţi fileurile din belşug cu ulei şi asezonaţi cu sare şi piper după gust.

3. Peştele la grătar până se rumeneşte uşor pe o parte, 2 până la 3 minute. Întoarceţi peştele şi gătiţi până se rumeneşte uşor, dar încă roz în interior, încă aproximativ 2 minute, sau până când este gata după gust. Testaţi banii făcând o tăietură mică în partea cea mai groasă a peştelui.

4. Într-un castron mic, amestecaţi 3 linguri de ulei de măsline, suc de lămâie, oregano şi sare şi piper, după gust. Turnaţi amestecul de suc de lămâie peste fripturile de ton şi serviţi imediat.

Fripturi de ton crocante la gratar

Tonno alla Griglia

Face 4 portii

Pesmetul face un înveliș crocant frumos pe aceste fileuri de pește.

4 fripturi de ton sau pește-spadă (1 inch grosime)

3/4 cană de pesmet uscat

1 lingura patrunjel plat proaspat tocat

1 lingura de menta proaspata tocata sau 1 lingurita de oregano uscat

Sare și piper negru proaspăt măcinat

4 linguri de ulei de măsline

Felii de lamaie

1. Preîncălziți grătarul. Unge tava de copt. Amesteca pesmetul, patrunjelul, menta si sare si piper dupa gust intr-un bol. Adăugați 3 linguri de ulei sau doar cât să umeziți firimiturile.

2. Puneți fileurile de pește în tigaie. Răspândiți jumătate din firimituri peste pește și palmați.

3. Prăjiți fileurile la aproximativ 6 inci de căldură timp de 3 minute sau până când firimiturile devin maro auriu. Întoarceți cu grijă fripturile cu o spatulă metalică și stropiți cu pesmetul rămas. Prăjiți încă 2 până la 3 minute sau până când este încă roz în centru sau este gata după gust. Testați banii făcând o tăietură mică în partea cea mai groasă a peștelui.

4. Stropiți cu restul de 1 lingură de ulei. Se serveste fierbinte, cu felii de lamaie.

Ton la gratar cu pesto de rucola

pesto de ton

Face 4 portii

Aroma picantă a ruculei şi culoarea verde smarald strălucitoare a acestui sos sunt complementul perfect pentru ton proaspăt sau peşte-spadă. Acest fel de mâncare este bun chiar şi la temperatura camerei reci.

4 fripturi de ton, de aproximativ 1 inch grosime

Ulei de masline

Sare şi piper negru proaspăt măcinat

pesto de rucola

1 legatura de rucola, spalata si destulpinata (aproximativ 2 cani usor impachetate)

1/2 cană busuioc proaspăt uşor împachetat

2 catei de usturoi

1/2 cană ulei de măsline

Sare și piper negru proaspăt măcinat

1. Ungeți peștele cu puțin ulei și asezonați după gust. Acoperiți și lăsați la frigider până când sunt gata de gătit.

2. Pentru a face pesto: Combinați rucola, busuiocul și usturoiul într-un robot de bucătărie și procesați până se toacă mărunt. Adăugați încet uleiul și procesați până la omogenizare. Se adauga sare si piper dupa gust. Acoperiți și lăsați să stea 1 oră la temperatura camerei.

3. Încinge 1 lingură de ulei într-o tigaie mare antiaderență la foc mediu. Adăugați feliile de ton și gătiți timp de 2 până la 3 minute pe fiecare parte sau până când devin aurii la exterior, dar încă roz în centru, sau doar după gust. Testați banii făcând o tăietură mică în partea cea mai groasă a peștelui.

4. Servește tonul fierbinte sau la temperatura camerei, stropit cu pesto de rucola.

Tocană de cannellini cu ton și fasole

Aragaz Tonno

Face 4 portii

Am tendința de a găti mai multă carne decât fructe de mare iarna, deoarece carnea mi se pare mai satisfăcătoare când este rece. Excepție este această tocană făcută cu fripturi de ton proaspăt, carne și fasole. Are toata lipiciuneala si gustul bun al unei tocanite de fasole, dar fara carne, ceea ce o face perfecta pentru cei care prefera mancarurile fara carne.

2 linguri de ulei de măsline

1 1/2 kilograme de ton proaspăt (1-inch grosime), tăiat în bucăți de 1 1/2 inch

Sare si piper negru proaspat macinat dupa gust

1 ardei mare roșu sau verde, tăiat în bucăți mici

1 cana rosii conservate, curatate de coaja, scurse si tocate

1 catel mare de usturoi, tocat marunt

6 frunze de busuioc proaspăt, tăiate în bucăți mici

1 conserve (16 uncii) de fasole cannellini, clătită și scursă, sau 2 căni de fasole uscată gătită

1. Încinge uleiul într-o tigaie mare la foc mediu. Uscați bucățile de ton cu prosoape de hârtie. Când uleiul este fierbinte, adăugați bucățile de ton fără a înghesui tigaia. Gatiti pana bucatile se rumenesc usor pe exterior, aproximativ 6 minute. Transferați tonul pe o farfurie. Se presară cu sare și piper.

2. Adăugați ardeii în tigaie și gătiți, amestecând din când în când, până când încep să se rumenească, aproximativ 10 minute. Adăugați roșiile, usturoiul, busuioc, sare și piper. Se aduce la fierbere. Adăugați fasolea, acoperiți și reduceți focul la mic. Se fierbe 10 minute.

3. Adăugați tonul și gătiți până când tonul este ușor roz în centru, încă aproximativ 2 minute, sau până când este gata după gust. Testați banii făcând o tăietură mică în partea cea mai groasă a peștelui. Se serveste fierbinte.

Pește-spadă sicilian cu ceapă

Sabia de pește a sfințeniei

Face 4 portii

Bucătarii sicilieni pregătesc o pizza delicioasă numită sfinciuni, un cuvânt derivat din arabă care înseamnă „ușoară" sau „aerisit". Pizza are o crustă groasă, dar ușoară și este acoperită cu ceapă, hamsii și sos de roșii. Această rețetă tradițională de pește-spadă este derivată din această pizza.

3 linguri de ulei de măsline

1 ceapă medie, feliată subțire

4 fileuri de hamsii, tocate

1 cană de roșii proaspete, curățate, fără semințe și tăiate cubulețe, sau roșii conservate, scurse și tăiate cubulețe

Un praf de oregano uscat, tocat

Sare si piper negru proaspat macinat dupa gust

4 file de pește-spadă, de aproximativ 3/4 inch grosime

2 linguri de pesmet simplu uscat

1. Turnați 2 linguri de ulei într-o tigaie medie. Adăugați ceapa și gătiți până se înmoaie, aproximativ 5 minute. Adăugați anșoa și fierbeți încă 5 minute sau până când sunt foarte moi. Adăugați roșiile, oregano, sare și piper și fierbeți timp de 10 minute.

2. Așezați grătarul în centrul cuptorului. Preîncălziți cuptorul la 350 ° F. Ungeți o tavă suficient de mare pentru a ține peștele într-un singur strat.

3. Uscați fileurile de pește-spadă. Puneți-le în bolul pregătit. Se presară cu sare și piper. Se toarnă peste sos. Se amestecă pesmetul cu lingura de ulei rămasă. Întindeți pesmetul pe sos.

4. Coaceți timp de 10 minute sau până când peștele este ușor roz în centru. Testați banii făcând o tăietură mică în partea cea mai groasă a peștelui. Se serveste fierbinte.

Pește-spadă cu anghinare și ceapă

Pește-spadă cu anghinare

Face 4 portii

Anghinarea este o legumă populară siciliană. Ei prosperă în condițiile calde și uscate ale Siciliei și oamenii le cresc în grădinile lor ca plantă ornamentală. Soiul sicilian nu ajunge la dimensiunea giganților pe care îi văd uneori în piețele de aici și sunt mult mai fragezi.

2 anghinare medii

2 linguri de ulei de măsline

4 fileuri groase de pește-spadă, ton sau rechin

Sare și piper negru proaspăt măcinat

2 cepe medii

4 fileuri de hamsii, tocate

1/4 cană pastă de tomate

1 cană de apă

½ lingurițe de oregano uscat

1. Tăiați anghinarea până la conul de mijloc al frunzelor de culoare verde deschis. Curățați fundul și tulpinile anghinarelor cu un cuțit mic de bucătărie. Tăiați capetele tulpinii. Tăiați anghinarea în jumătate pe lungime. Scoateți sufocarele. Tăiați inimile în felii subțiri.

2. Încinge uleiul într-o tigaie mare la foc mediu. Uscați peștele-spadă și prăjiți până se rumenește pe ambele părți, aproximativ 5 minute. Se presară cu sare și piper. Scoateți peștele într-o farfurie.

3. Adăugați ceapa și anghinarea în tigaie. Gatiti la foc mic, amestecand des, pana ce ceapa se inmoaie, aproximativ 5 minute. Adăugați hamșa, pasta de roșii, apă, oregano și sare și piper după gust. Aduceți la fierbere și reduceți căldura. Gatiti 20 de minute sau pana cand legumele sunt fragede, amestecand din cand in cand.

4. Împingeți legumele în exteriorul tigaii și întoarceți peștele în tigaie. Se scalda pestele in sos. Gatiti 1-2 minute sau pana cand pestele este incalzit. Serviți imediat.

Sabie în stil Messina

Spadasin din Messina

Face 4 portii

Excelent pește-spadă este prins în apele siciliene, iar sicilienii au nenumărate moduri de a-l pregăti. Peștele se mănâncă crud, tăiat în felii subțiri ca hârtie într-un fel de carpaccio, sau măcinat în cârnați care sunt gătiți în sos de roșii. Cuburile de pește-spadă sunt amestecate cu paste, la grătar ca carnea sau la grătar. Aceasta este o rețetă clasică din Messina, pe coasta de est a Siciliei.

1 kilogram de cartofi fierti

2 linguri de ulei de măsline

1 ceapa mare, tocata

1/2 cană măsline negre fără sâmburi, tăiate grosier

2 linguri de capere, clătite și scurse

2 căni de roșii curățate, fără semințe și tăiate cubulețe sau roșii din conserva, scurse și tăiate cubulețe

Sare şi piper negru proaspăt măcinat

2 linguri de patrunjel plat tocat

4 file de peşte-spadă, de 1 inch grosime

1. Spălaţi cartofii şi puneţi-i într-o oală cu apă rece pentru a-i acoperi. Aduceţi apa la fiert şi gătiţi până când cartofii sunt fragezi, aproximativ 20 de minute. Se scurg, se lasa putin sa se raceasca si apoi se curata cartofii de coaja. Tăiaţi-le în felii subţiri.

2. Se toarnă uleiul într-o oală mare. Adăugaţi ceapa şi gătiţi, amestecând des, la foc mediu până se înmoaie, aproximativ 10 minute. Adăugaţi măsline, capere şi roşii. Se condimentează cu sare şi piper. Se fierbe până se îngroaşă uşor, aproximativ 15 minute. Adăugaţi pătrunjelul.

3. Aşezaţi grătarul în centrul cuptorului. Preîncălziţi cuptorul la 425 ° F. Turnaţi jumătate din sos într-o tavă suficient de mare pentru a ţine peştele într-un singur strat. Puneţi peştele-spadă într-o tigaie şi stropiţi cu sare şi piper. Aranjaţi cartofii deasupra, suprapunând uşor feliile. Se toarnă sosul rămas peste tot.

4. Coaceți timp de 10 minute sau până când peștele este ușor roz în centru și sosul clocotește. Se serveste fierbinte.

spadasinul se rostogolește

Spadasinul Rollatini

Face 6 portii

Ca și cotleturile de vițel sau de pui, feliile foarte subțiri de pește-spadă cu carne sunt bune de înfășurat în jurul umpluturii și de grătar sau coacere. Variați umplutura adăugând stafide, măsline tocate sau nuci de pin.

1 1/2 kilograme de pește-spadă, feliat foarte subțire

3/4 cană de pesmet uscat

2 linguri de capere, clătite, tocate și scurse

2 linguri de patrunjel plat proaspat tocat

1 catel mare de usturoi, tocat marunt

Sare și piper negru proaspăt măcinat

1/4 cană ulei de măsline

2 linguri de suc proaspăt de lămâie

1 lămâie, tăiată felii

1. Așezați grătarul sau grătarul la aproximativ 5 inci de sursa de căldură. Preîncălziți grătarul sau grătarul.

2. Îndepărtați pielea de pește-spadă. Așezați feliile între două foi de folie de plastic. Zdrobiți feliile până când au o grosime de 1/4 inch. Tăiați peștele în bucăți de 3 x 2 inci.

3. Într-un castron mediu, combinați pesmetul, caperele, pătrunjelul, usturoiul și sare și piper după gust. Adăugați 3 linguri de ulei și amestecați până când firimiturile sunt umezite uniform.

4. Pune o lingură din amestecul de pesmet la un capăt al bucății de pește. Rulați peștele și închideți-l cu o scobitoare. Pune rulourile pe o farfurie.

5. Se amestecă cu sucul de lămâie și uleiul rămas. Întindeți amestecul pe rulouri. Presărați amestecul de pesmet rămas peste pește și amestecați pentru a se acoperi.

6. Rulourile la grătar timp de 3 până la 4 minute pe fiecare parte sau până când devin aurii și rulourile sunt ferme când sunt apăsate și ușor roz la mijloc. Trebuie să fie puțin ciudați.

Testați banii făcând o tăietură mică în partea cea mai groasă a peștelui. Se serveste fierbinte cu felii de lamaie.

Căptușă prăjită cu legume

Rombo al Forno cu legume

Face 4 portii

Calabria are o coastă lungă de-a lungul Mării Mediterane. Vara, regiunea este populară printre italieni și alți europeni care caută o evadare ieftină la plajă. Odată, eu și soțul meu ne plimbam de-a lungul coastei lângă Scalea și am mâncat la un restaurant local cu un cuptor mare cu lemne. Când am ajuns, bucătarul scotea tigăi mari cu legume prăjite în ulei de măsline și pește alb proaspăt. Legumele s-au rumenit și au umplut peștele cu gustul lor delicios. Acasa folosesc lipa cand o gasesc, dar ar merge si alte fileuri de peste alb.

1 ardei roșu, tăiat în bucăți de 1 inch

1 dovlecel mediu, tăiat în bucăți de 1 inch

1 vinete medie, tăiată în bucăți de 1 inch

4 cartofi fierți medii, tăiați în bucăți de 1 inch

1 ceapă medie, tăiată în bucăți de 1 inch

1 frunză de dafin

1/4 cană plus 1 lingură ulei de măsline

Sare și piper negru proaspăt măcinat

4 fileuri groase de căptușeală, halibut sau alt pește alb

1 lingura de suc de lamaie

2 linguri de patrunjel plat proaspat tocat

1. Așezați grătarul în centrul cuptorului. Preîncălziți cuptorul la 425 ° F. Alegeți o foaie de copt suficient de mare pentru a încăpea peștele și legumele într-un singur strat sau utilizați două foi de copt mai mici. Amestecați ardeii, dovleceii, vinetele, cartofii, ceapa și foile de dafin într-o tigaie. Stropiți cu 1/4 cană de ulei de măsline și asezonați cu sare și piper după gust. Amesteca bine.

2. Prăjiți legumele timp de 40 de minute sau până când sunt ușor rumenite și moi.

3. Asezati fileul de peste pe o farfurie si stropiti cu lingura ramasa de ulei, zeama de lamaie, patrunjel si sare si piper dupa gust. Împingeți legumele pe marginea exterioară a

cratiței și adăugați peștele. Coaceți încă 8 până la 10 minute, în funcție de grosimea peștelui, până când este doar opac când este tăiat în partea cea mai groasă. Se serveste fierbinte.

Biban de mare la gratar cu legume si usturoi

Branzino alle Verdure

Face 4 portii

Stafidele și legumele cu aromă de usturoi, cum ar fi smogul elvețian, spanacul și cicoarea sunt o combinație preferată de la Roma până în sudul Italiei. Această rețetă a fost inspirată dintr-un preparat pregătit de prietenul meu, bucătarul Mauro Mafrici, care servește legume cu fileuri de pește prăjite crocante și cartofi copți.

1 buchet de cicoare (aproximativ 1 kilogram)

3 linguri de ulei de măsline

3 catei de usturoi, feliati subtiri

Un praf de piper rosu macinat

1/4 cană stafide

Sare

1 1/4 kilograme de biban chilian, cod sau alt file ferm fără piele, de aproximativ 1 1/2 inci grosime

1. Separați frunzele și spălați cicoarea în mai multe schimburi de apă rece, acordând o atenție deosebită nervurilor medii albe unde se adună pământul. Stivuiți frunzele și tăiați-le în fâșii de 1 inch.

2. Turnați 2 linguri de ulei de măsline într-o oală mare. Adăugați usturoiul și ardeiul roșu. Gatiti la foc mediu pana usturoiul devine auriu, aproximativ 2 minute.

3. Adaugam scarola, stafidele si un praf de sare. Acoperiți oala și gătiți, amestecând din când în când, până când cicoarea se înmoaie, aproximativ 10 minute. Gustați și ajustați condimentele.

4. Clătiți și uscați peștele. Se presară bucățile cu sare și piper. Într-o tigaie antiaderentă medie, încălziți lingura de ulei rămasă la foc mediu. Adăugați bucățile de pește, cu pielea în sus. Gatiti pana cand pestele devine auriu, 4-5 minute. Acoperiți tigaia și gătiți încă 2-3 minute, sau până când peștele este opac în centru. Testați banii făcând o tăietură

mică în partea cea mai groasă a peștelui. Nu este nevoie să întoarceți peștele.

5.Folosind o lingura cu fanta, transferati scarola in 4 farfurii de servire. Acoperiți cu peștele prăjit în sus. Se serveste fierbinte.

Scrod cu sos de rosii picant

Merluciu în sos Pomodoro

Face 4 portii

Am mancat acest peste in casa unor prieteni napolitani insotit de Falanghina, un vin alb delicios din regiune. Cuscusul merge bine cu pestele.

2 linguri de ulei de măsline

1 ceapă medie, feliată subțire

Un praf de piper rosu macinat

2 cani de rosii conservate cu suc, tocate

Un praf de oregano uscat, tocat

Sare

11/4 kg file de rață sau de grupare, tăiat în porții

1/2 lingurițe de coajă de lămâie

1. Turnați ulei într-o tigaie medie. Adăugați ceapa și ardeiul roșu. Gatiti, amestecand des, la foc mediu pana ce ceapa este moale si aurie, aproximativ 10 minute. Adăugați roșiile, oregano și sare și fierbeți până când sosul se îngroașă, aproximativ 15 minute.

2. Clătiți și uscați peștele, apoi stropiți cu sare. Adăugați peștele în tigaie și acoperiți cu sosul. Acoperiți și gătiți timp de 8 până la 10 minute, în funcție de grosimea peștelui, până când este doar opac când este tăiat în partea cea mai groasă.

3. Folosind o lingura cu fanta, transferati pestele pe o farfurie de servire. Daca pestele a degajat mult lichid, mariti focul sub tigaie si gatiti, amestecand des, pana se ingroasa sosul.

4. Luați sosul de pe foc și adăugați coaja de lămâie. Se toarnă sosul peste pește și se servește imediat.

Carpaccio de somon

Carpaccio de somon

Face 4 portii

Carpaccio se referă de obicei la felii subțiri de hârtie de carne de vită crudă servite cu un sos roz cremos. Se spune că rețeta ar fi fost creată în urmă cu aproximativ o sută de ani de un restaurator venețian care a vrut să trateze o clientă populară al cărei doctor a sfătuit-o să evite mâncarea gătită. Restauratorul a numit farfuria după Vittore Carpaccio, un pictor a cărui lucrare era expusă la acea vreme.

Astăzi, termenul de carpaccio este folosit pentru felii subțiri de mâncare, atât crude, cât și gătite. Aceste felii subțiri de somon sunt gătite pe o parte, astfel încât să rămână umede și să-și păstreze forma.

4 cesti de nasturel

3 linguri ulei de masline extravirgin

1 lingura de suc proaspat de lamaie

1/2 lingurițe de coajă de lămâie

Sare și piper negru proaspăt măcinat

1 kg file de somon, tăiat în felii subțiri

1 ceapa verde, tocata marunt

1. Clătiți cresonul în mai multe schimburi de apă rece. Scoateți tulpinile dure și uscați bine frunzele. Tăiați în bucăți mici și puneți într-un bol.

2. Amesteca 2 linguri de ulei, zeama de lamaie, coaja, sare si piper dupa gust intr-un bol.

3. Încinge 1 lingură de ulei într-o tigaie mare antiaderentă la foc mare. Adăugați suficient pește pentru a se potrivi într-un singur strat. Gatiti pana devine usor auriu pe partea de jos, dar inca curge deasupra, aproximativ 1 minut. Folosind o spatulă mare, scoateți somonul din tigaie și puneți, cu partea prăjită în sus, pe o farfurie mare de servire. Se presara cu sare si piper dupa gust si jumatate din ceapa verde. Gatiti somonul ramas in acelasi mod si adaugati in farfurie. Acoperiți cu ceapa rămasă.

4. Amesteca nasturelul cu dressingul. Puneți salata deasupra somonului. Serviți imediat.

File de somon cu boabe de ienupăr și ceapă roșie

Somon în Ginpro

Face 4 portii

Boabele de ienupăr sunt o aromă tipică de gin și sunt adesea folosite pentru a aroma vânatul înăbușit. Le puteți găsi la multe piețe care vând condimente gourmet. Acest fel de mâncare cu somon, pe care l-am avut prima dată la Veneția, gătește ceapă roșie dulce și ienupăr până când ceapa se înmoaie și devine un sos pentru somon.

3 linguri de ulei de măsline

4 fileuri de somon, de aproximativ 3/4 inch grosime

Sare și piper negru proaspăt măcinat

2 cepe roșii medii, feliate subțiri

1/2 linguriță ienupăr

1/2 căni de vin alb sec

1. Într-o tigaie medie, încălziți uleiul la foc mediu. Uscați fileurile de somon și puneți-le în tigaie. Gatiti pana se rumenesc, aproximativ 3 minute. Întoarceți fileurile de somon și prăjiți pe cealaltă parte pentru încă aproximativ 2 minute. Folosind o spatulă, scoateți fileul pe o farfurie. Se presară cu sare și piper.

2. Adăugați ceapa, boabele de ienupăr și sare după gust în tigaie. Adăugați vinul și aduceți la fiert. Reduceți focul și acoperiți tigaia. Gatiti 20 de minute sau pana ce ceapa este moale.

3. Întoarceți fileurile de somon în tigaie și puneți ceapa deasupra peștelui. Dați focul la mediu. Acoperiți și gătiți încă 2 minute sau până când peștele este doar opac când este tăiat în partea cea mai groasă. Serviți imediat.

Somon cu legume de primavara

somon de primăvară

Face 4 portii

Somonul nu este un peşte mediteranean, dar în ultimii ani a fost importat în Italia în cantităţi mari din Europa de Nord şi a devenit foarte popular în bucătăriile italiene. Această reţetă de somon copt cu legume de primăvară a fost un preparat special la un restaurant din Milano.

Variaţi legumele, dar asiguraţi-vă că utilizaţi o tigaie foarte mare, astfel încât să poată fi întinse într-un strat puţin adânc. Dacă sunt prea pline, legumele vor deveni umede în loc să se rumenească. Eu folosesc o tavă cu gelatină de 15 x 10 x 1 inch. Dacă nu aveţi unul suficient de mare, împărţiţi ingredientele în două rame mai mici.

4 cartofi cerati medii roşii sau albi

1 cana de morcovi pui decojiti si tocati

8 salote intregi sau 2 cepe mici, curatate de coaja

3 linguri de ulei de măsline

Sare și piper negru proaspăt măcinat

8 uncii sparanghel, tăiat în bucăți de 2 inci

4 fileuri de somon

2 linguri ierburi proaspete tocate, cum ar fi arpagic, marar, patrunjel, busuioc sau o combinatie

1. Așezați grătarul în centrul cuptorului. Preîncălziți cuptorul la 425 ° F. Tăiați cartofii în felii groase și uscați. Într-o tigaie mare, combinați cartofii, morcovii și ceapa sau ceapa. Se adauga ulei si sare si piper dupa gust. Amesteca bine. Întindeți legumele pe tavă și coaceți timp de 20 de minute.

2. Se amestecă legumele și se adaugă sparanghelul. Coaceți încă 10 minute sau până cand legumele se rumenesc ușor.

3. Stropiți somonul cu sare și piper. Împingeți legumele în părțile laterale ale tigaii. Adăugați fileurile de somon. Coaceți încă 7 minute sau până când somonul este doar opac când este tăiat în partea cea mai groasă și încă umed. Stropiți cu ierburi și serviți imediat.

File de peste in sos verde

Pește în sos verde

Face 4 portii

Am petrecut Revelionul la Veneția cu prietenii și am luat cina la o mică trattorie de lângă Podul Rialto înainte de a merge la slujbele de la miezul nopții la Catedrala Sf. Marcu. Am avut creveți la grătar, risotto de sepie și acest fel de mâncare din file de pește sot în pătrunjel și sos de vin alb cu mazăre. După cină ne-am plimbat pe străzile pline de petrecăreți, mulți în costume de basm.

$1/2$ cană făină universală

Sare și piper negru proaspăt măcinat

4 fileuri de halibut, tilefish sau alt pește alb, de aproximativ 1 inch grosime

4 linguri de ulei de măsline

4 cepe verde, tocate mărunt

$3/4$ cani de vin alb sec

¼ cană pătrunjel plat proaspăt tocat

1 cană mazăre congelată sau proaspătă

1. Pe o bucată de hârtie cerată se amestecă făina, sarea și piperul după gust. Clătiți și uscați peștele, apoi pudrați fiecare friptură cu amestecul de făină pentru a se acoperi ușor pe ambele părți. Scuturați excesul.

2. Încinge 2 linguri de ulei într-o tigaie mare la foc mediu. Adăugați peștele și prăjiți pe o parte aproximativ 3 minute. Întoarceți peștele și prăjiți pe cealaltă parte aproximativ 2 minute. Folosind o spatulă metalică cu fante, transferați fripturile pe o farfurie. Curățați tigaia.

3. Turnați restul de 2 linguri de ulei în tigaie. Adăugați ceapa. Gatiti la foc mediu pana devine maro auriu, aproximativ 10 minute. Adăugați vinul și aduceți la fiert. Gatiti pana cand cea mai mare parte a lichidului s-a evaporat, aproximativ 1 minut. Adăugați pătrunjelul.

4. Peștele se pune înapoi în tigaie și se unge cu sosul. Aranjați mazărea în jurul peștelui. Reduceți căldura la minim. Acoperiți și gătiți timp de 5 până la 7 minute, sau până când

peștele este opac când este tăiat în partea cea mai groasă. Serviți imediat.

Halibut copt în hârtie

Pește în Cartoccio

Face 4 portii

Peștele copt în hârtie de copt este un fel de mâncare spectaculos, care este de fapt destul de simplu. Hârtia păstrează toată savoarea peștelui și a condimentelor și are avantajul suplimentar de a economisi la curățare. Pergamentul poate fi înlocuit cu folie de aluminiu, dar nu este la fel de atractiv.

2 roșii medii, fără semințe și tocate

2 cepe verde, tocate mărunt

1/4 linguriță de maghiran sau cimbru uscat

2 linguri de suc proaspăt de lămâie

2 linguri de ulei de măsline

Sare și piper negru proaspăt măcinat

4 (6 uncii) halibut, somon sau alte fileuri de pește, de aproximativ 1 inch grosime

1. Așezați grătarul în centrul cuptorului. Preîncălziți cuptorul la 400°F. Amestecă toate ingredientele, cu excepția peștelui, într-un castron mediu.

2. Tăiați 4 foi de hârtie de pergament în pătrate de 12 inci. Îndoiți fiecare foaie în jumătate. Deschideți hârtia și ungeți interiorul cu ulei. Puneți fileul de pește pe o parte a pliului. Se toarnă amestecul de roșii peste pește.

3. Îndoiți hârtia peste pește. Închideți fiecare pachet făcând mici pliuri la margini de la un capăt la altul și împăturiți strâns. Întindeți cu grijă pachetele pe 2 foi de copt.

4. Coaceți timp de 12 minute. Pentru a verifica dacă este gata, tăiați pachetul și feliați peștele în partea cea mai groasă. Ar trebui să fie doar opac.

5. Glisați pachetele pe farfurii de servire și lăsați clienții să le deschidă pe ale lor. Se serveste fierbinte.

Pește copt cu măsline și cartofi

Pește gătit

Face 4 portii

Maghiranul este o planta care este des folosita in Liguria, desi nu este foarte cunoscuta in Statele Unite. Are o aromă asemănătoare oreganoului, deși este mult mai puțin înțepător decât oreganoul uscat. Un înlocuitor potrivit este cimbrul.

Gătiți cartofii din timp, astfel încât să aibă șansa să se rumenească și să se gătească. Adaugă apoi peștele pentru ca totul să fie gătit în armonie perfectă. O salată verde este tot ce ai nevoie pentru a începe.

2 kilograme de cartofi fierti, curatati de coaja si taiati in felii subtiri

6 linguri de ulei de măsline

Sare si piper negru proaspat macinat dupa gust

2 linguri de patrunjel plat proaspat tocat

1/2 lingurițe de maghiran sau cimbru uscat

2 linguri de suc proaspăt de lămâie

1/2 linguriţe de coajă de lămâie proaspăt rasă

2 peşti întregi, cum ar fi snapper sau biban de mare (aproximativ 2 lire fiecare), curăţaţi cu capul şi coada intacte

1/2 cană măsline negre blânde, cum ar fi Gaeta

1. Aşezaţi grătarul în centrul cuptorului. Preîncălziţi cuptorul la 450 ° F. Într-un castron mare, aruncaţi cartofii cu 3 linguri de ulei şi sare şi piper după gust. Răspândiţi cartofii într-o tigaie mare, puţin adâncă. Coaceţi cartofii timp de 25 până la 30 de minute sau până când încep să se rumenească.

2. Se adauga restul de 3 linguri de ulei, patrunjel, maghiran, zeama de lamaie, coaja, sare si piper dupa gust. Scoateţi jumătate din amestec în cavitatea peştelui şi frecaţi restul în piele.

3. Cu o spatula mare intoarceti cartofii si intindeti maslinele pe toata suprafata. Clătiţi bine peştele şi uscaţi. Peste cartofi se pune pestele. Coaceţi 8 până la 10 minute pe inch de grosime în punctul cel mai lat al peştelui sau până când pulpa este

fragedă când este tăiată cu un cuțit mic și ascuțit lângă os și cartofii sunt fragezi.

4. Transferați peștele pe o farfurie caldă de servire. Înconjurați peștele cu cartofi și măsline. Serviți imediat.

Citrus Red Snapper

Pește citrice

Face 4 portii

Indiferent cum este vremea afară, servirea acestui pește cu citrice la grătar te va face să simți că este o zi frumoasă și însorită. Rețeta se bazează pe una pe care am încercat-o în Positano. Un vin proaspăt și crocant precum pinot gris este acompaniamentul perfect.

1 portocală medie

1 lămâie medie

2 pești întregi, cum ar fi snapper sau biban de mare (aproximativ 2 lire fiecare), curățați cu capul și coada intacte

2 lingurite de frunze de cimbru proaspat tocate

2 linguri de ulei de măsline

Sare și piper negru proaspăt măcinat

1/2 căni de vin alb sec

1 portocala si 1 lamaie taiate felii pentru decor

1.Folosind un curăţător de legume cu lamă rotativă, îndepărtaţi jumătate din coaja de portocală şi lămâie. Stivuiţi bucăţile şi tăiaţi-le în fâşii înguste. Stoarceţi fructele pentru a extrage sucul.

2.Aşezaţi grătarul în centrul cuptorului. Preîncălziţi cuptorul la 400°F. Ungeţi o tavă suficient de mare pentru a ţine peştele într-un singur strat.

3.Clătiţi bine peştele şi uscaţi. Puneţi peştele în tigaie şi umpleţi cavitatea cu cimbru şi jumătate de coajă. Stropiţi în interior şi în exterior cu ulei, sare şi piper, după gust. Acoperiţi peştele cu vin, suc şi coaja rămasă.

4.Prăjiţi, ungeţi o dată sau de două ori cu sucul din tigaie, 8 până la 10 minute pe inch de grosime în punctul cel mai lat al peştelui, sau până când pulpa devine opaca când este tăiată cu un cuţit mic şi ascuţit lângă os. Se serveste fierbinte, ornata cu felii de portocala si lamaie.

peşte in crusta sarata

peşte de vânzare

Face 2 portii

Peştele şi crustaceele coapte în sare sunt un fel de mâncare tradiţional în Liguria şi coasta toscane. Sarea amestecată cu albuşul creează o crustă groasă şi tare, astfel încât peştele din interior se găteşte în sucul propriu. La Baia Beniamin, un restaurant frumos chiar pe apă în Ventimiglia, lângă graniţa cu Franţa, am văzut cum un chelner zdrobea cu dibăcie crusta de sare cu dosul unei linguri grele şi o ridica, îndepărtând pielea şi sarea dintr-o singură mişcare. niciodata. Înăuntru, peştele a fost gătit la perfecţiune.

6 căni de sare cuşer

4 albusuri mari

1 peşte întreg, cum ar fi snapper sau biban de mare (aproximativ 2 lire fiecare), curăţat cu capul şi coada intacte

1 lingura de rozmarin proaspat tocat

2 catei de usturoi tocati marunt

1 lămâie, tăiată felii

Ulei de măsline extra virgin

1. Așezați grătarul în centrul cuptorului. Preîncălziți cuptorul la 500°F. Într-un castron mare, amestecați sarea și albușurile până când sarea este umezită uniform.

2. O tavă de copt suficient de mare pentru a ține peștele. Puneți peștele pe o tavă de copt. Umpleți cavitatea cu rozmarin și usturoi.

3. Se toarnă sarea uniform peste pește și se acoperă complet. Se bate bine sarea ca să țină.

4. Coaceți peștele timp de 30 de minute sau până când sarea începe să se rumenească ușor pe margini. Pentru a verifica starea de gătit, introduceți un termometru cu citire instantanee prin sare în partea cea mai groasă a peștelui. Peștele este gata când temperatura atinge 130°F.

5. Pentru a servi, spargeți crusta de sare cu o lingură mare. Scoateți sarea și pielea de pește și aruncați-o. Scoateți cu grijă carnea de pe oase. Se serveste fierbinte cu felii de lamaie si un strop de ulei de masline extravirgin.

Pește prăjit în vin alb și lămâie

Pește pe vin alb

Face 4 portii

Acesta este modul de bază de a pregăti orice pește întreg mediu până la mic. L-am incercat in Liguria, unde l-am insotit cu anghinare si cartofi inabusiti.

2 pești întregi, cum ar fi snapper sau biban de mare (aproximativ 2 lire fiecare), curățați cu capul și coada intacte

1 lingura de rozmarin proaspat tocat

Sare și piper negru proaspăt măcinat

1 lămâie, feliată subțire

2 linguri de patrunjel plat proaspat tocat

1 cană de vin alb sec

1/4 cană ulei de măsline extravirgin

1 lingura de otet de vin alb

1. Aşezaţi grătarul în centrul cuptorului. Preîncălziţi cuptorul la 400°F. Ungeţi o tavă suficient de mare pentru a se potrivi peştelui unul lângă altul.

2. Clătiţi peştele şi uscaţi-l pe dinăuntru şi pe dinafară. Presăraţi interiorul peştelui cu rozmarin şi sare şi piper după gust. Pune câteva felii de lămâie în cavitate. Puneţi peştele în tigaie. Presăraţi peştele cu pătrunjel şi puneţi deasupra feliile de lămâie rămase. Adăugaţi vin, ulei şi oţet.

3. Coaceţi peştele timp de 8 până la 10 minute pe inch de grosime în punctul cel mai lat, sau până când pulpa este opacă când este tăiată cu un cuţit mic şi ascuţit lângă os. Se serveste fierbinte.

Pastrav cu prosciutto si salvie

Trap cu prosciutto și salvie

Face 4 portii

Păstrăvul sălbatic este foarte gustos, deși se găsește rar în piețele de pește. Păstrăvul crescut la fermă este mult mai puțin interesant, dar prosciutto și salvia sporesc aroma. Aveam păstrăv pregătit astfel în Friuli-Venezia Giulia, unde l-au făcut cu prosciutto local din orașul San Daniele.

4 păstrăvi întregi mici, curățați, de aproximativ 12 uncii fiecare

4 linguri de ulei de măsline

2 până la 3 linguri de suc proaspăt de lămâie

6 frunze de salvie proaspata, tocate marunt

Sare și piper negru proaspăt măcinat

8 felii foarte subtiri de prosciutto italian de import

1 lămâie, tăiată felii

1. Ungeți o tavă suficient de mare pentru a ține peștele într-un singur strat.

2. Într-un castron mic, amestecați uleiul, sucul de lămâie, salvie, sare și piper după gust. Ungeți interiorul și exteriorul peștelui cu amestecul. Marinați peștele la frigider timp de 1 oră.

3. Așezați grătarul cuptorului în centrul cuptorului. Preîncălziți cuptorul la 375 ° F. Puneți o felie de prosciutto în interiorul fiecărui pește și puneți o altă felie deasupra. Coaceți timp de 20 de minute sau până când peștele este doar opac când este tăiat lângă os cu un cuțit mic și ascuțit. Se serveste fierbinte cu felii de lamaie.

Sardine la cuptor cu rozmarin

sardine cu rozmarin

Face 4 portii

Sardinele, dorada și anșoa aparțin familiei de pești grași de culoare închisă, cunoscuți în Italia sub numele de pesce azzurro. Alți membri ai acestei familii includ macroul și, desigur, peștele gras. Rozmarinul le completează foarte bine în această rețetă toscană.

1 1/2 kilograme de sardine proaspete, sardine sau hamsii, curățate (vezi nota de mai jos)

Sare și piper negru proaspăt măcinat

1 lingura de rozmarin proaspat tocat

1/4 cană ulei de măsline

1/4 cană pesmet fin uscat

1 lămâie, tăiată felii

1. Așezați grătarul în centrul cuptorului. Preîncălziți cuptorul la 400°F. Ungeți o tavă de copt suficient de mare pentru a încăpea sardinele într-un singur strat.

2. Aranjați sardinele pe o farfurie și presărați-le în interior și în exterior cu sare, piper și rozmarin. Stropiți cu ulei și stropiți cu pesmet.

3. Coaceți timp de 15 minute sau până când peștele este fiert. Serviți cu felii de lămâie.

Notă:Pentru a curăța sardinele: Folosind un cuțit mare și greu de bucătar sau foarfece de bucătărie, tăiați capetele. Tăiați peștele de-a lungul burtei și îndepărtați măruntaiele. Desenați coloana vertebrală. Tăiați aripile. Clătiți și scurgeți.

Sardine în stil venețian

Sardinia în Saora

Face 4 portii

Stafidele și oțetul adaugă o aromă delicioasă dulce-acrișoară peștelui din acest clasic venețian. Asigurați-vă că faceți această rețetă cu cel puțin o zi înainte de a plănui să o serviți, astfel încât aromele să se îmbine. Porțiile mici sunt grozave ca aperitiv. Puteți înlocui sardinele cu păstrăv întreg sau macrou, sau încercați file de limbă. În Veneția, sardina în saora este de obicei servită cu alb prăjit<u>Mămăligă</u>.

8 linguri de ulei de măsline

3 cepe (aproximativ 1 kilogram), feliate 1/2 inch grosime

1 cană de vin alb sec

1 cană de oțet de vin alb

2 linguri de nuci de pin

2 linguri de stafide

2 kilograme de sardine, curate

1. Turnați 4 linguri de ulei într-o tigaie mare și grea. Adăugați ceapa și gătiți la foc mic până se înmoaie, aproximativ 20 de minute. Amestecați des și urmăriți cu atenție ca ceapa să nu se rumenească. Dacă este necesar, adăugați o lingură sau două de apă pentru a preveni decolorarea cepei.

2. Adăugați 1/2 cană de vin, 1/2 cană de oțet, stafide și nuci de pin. Se aduce la fierbere și se fierbe timp de 1 minut. Ieși din foc.

3. Într-o altă tigaie, încălziți restul de 4 linguri de ulei la foc mediu. Adăugați sardinele și gătiți până când devine opac în centru, aproximativ 2 până la 3 minute pe fiecare parte. Așezați sardinele într-un singur strat pe o farfurie mare. Se toarnă restul de vin și oțet.

4. Se toarnă amestecul de ceapă peste pește. Acoperiți și lăsați la frigider pentru 1 până la 2 zile pentru a îndulci aromele. Serviți la temperatura camerei răcoroase.

Sardine siciliene umplute

Sardina Beccafico

Face 4 portii

dr. Joseph Maniscalco, un vechi prieten de familie care a venit din Sciacca, Sicilia, m-a învățat cum să fac această rețetă tipic siciliană. Numele italian înseamnă sardină în felul unei ciocănitoare, o pasăre suculentă căreia îi place să mănânce smochine coapte.

1 cană pesmet simplu uscat

Aproximativ 1/4 cană ulei de măsline

4 file de hamsii, scurse si taiate felii

2 linguri de patrunjel plat proaspat tocat

2 linguri de nuci de pin

2 linguri de stafide

Sare și piper negru proaspăt măcinat

2 kilograme de sardine proaspete, curatate

foi de dafin

Felii de lamaie

1. Așezați grătarul în centrul cuptorului. Preîncălziți cuptorul la 375 ° F. Ungeți o tavă mai mică.

2. Într-o tigaie mare, prăjiți pesmetul la foc mediu, amestecând continuu, până devine auriu. Se ia de pe foc si se adauga ulei cat sa se umezeasca. Adaugati hamsii, patrunjel, nuci de pin, stafide si sare si piper dupa gust. Amesteca bine.

3. Deschideți sardinele ca pe o carte și puneți-le cu pielea în jos pe o suprafață plană. Acoperiți fiecare cap de sardină cu puțin din amestecul de pesmet. Rulați sardinele, acoperiți-le cu umplutura și puneți-le una lângă alta în tigaie, despărțindu-le cu o foaie de dafin. Deasupra se presară pesmetul rămas și se stropește cu uleiul rămas.

4. Coaceți timp de 20 de minute sau până când rulourile sunt fierte. Se serveste fierbinte sau la temperatura camerei cu felii de lamaie.

sardine la gratar

Sarde alla Griglia

Face 4 portii

Peștii mici și gustoși, cum ar fi sardinele, afinele și anșoa, sunt irezistibili la grătar. La o cină cu grătar la o cramă din Abruzzo, oaspeții au ajuns să găsească rânduri și rânduri de pești mici gătiți pe un foc de cărbune. Deși păreau să fie prea mulți dintre ei, au dispărut curând, spălați cu pahare de vin alb Trebbiano rece.

Suportul pentru coș face o treabă bună susținând și rotind pisicile în timp ce gătesc. Dacă ai norocul să-ți crești proprii arbori de lămâi sau portocali și nu au fost tratați cu substanțe chimice, folosește câteva dintre frunze pentru a-ți decora farfuria de servire. În rest, frunzele de radicchio sau de salată sunt în regulă.

12 până la 16 sardine proaspete sau curățate

2 linguri de ulei de măsline

Sare și piper negru proaspăt măcinat

Frunze de lamaie sau cicoare netratate

2 lămâi, tăiate felii

1. Așezați grătarul sau grătarul la aproximativ 5 inci de sursa de căldură. Preîncălziți grătarul sau grătarul.

2. Uscați sardinele și frecați-le cu ulei. Se presară ușor cu sare și piper. Prăjiți sau grătar peștele până se rumenește bine, aproximativ 3 minute. Întoarceți ușor peștele și gătiți până se rumenește pe cealaltă parte, încă aproximativ 2 până la 3 minute.

3. Aranjați frunzele pe o farfurie. Deasupra se aseaza sardinele si se decoreaza cu felii de lamaie. Se serveste fierbinte.

cod prăjit

Baccala Fritta

Face 4 portii

Aceasta este rețeta de bază pentru gătit baccala. Se poate servi singur sau acoperit cu sos de rosii. Unii bucătari le place să încălzească sosul într-o tigaie și apoi să adauge peștele prăjit și să le gătească împreună pentru scurt timp.

Aproximativ 1 cană de făină universală

Sare și piper negru proaspăt măcinat

1 kg bacala inmuiat sau cod taiat in portii

Ulei de masline

Felii de lamaie

1. Pe o bucată de hârtie cerată se întinde făină, sare și piper după gust.

2. Încinge aproximativ 1/2 inch de ulei într-o tigaie mare și grea. Scufundați rapid bucățile de pește în amestecul de făină și

scuturați ușor excesul. Puneți câte bucăți de pește pot încăpea în tigaie fără a se supraaglomera.

3. Gatiti pestele pana se rumeneste, 2-3 minute. Întoarceți peștele cu clești și gătiți până când devine maro auriu și se înmoaie, încă 2 până la 3 minute. Se serveste fierbinte cu felii de lamaie.

Variație: Adăugați căței de usturoi întregi ușor zdrobiți și/sau ardei iute proaspeți sau uscati în uleiul de prăjit pentru a aroma peștele.

Cod sare pe pizza

Baccala alla pizzaiola

Face 6 până la 8 porții de 8

În Napoli, roșiile, usturoiul și oregano sunt aromele tipice ale sosului clasic de pizza, motiv pentru care acest preparat aromat cu aceste ingrediente se numește stil pizza. Pentru un plus de savoare, adauga in sos o mana de masline si cateva fileuri de hamsii.

2 kg de cod de sare la inmuiat, taiat in portii

4 linguri de ulei de măsline

2 catei mari de usturoi, tocati foarte marunt

2 linguri de patrunjel plat proaspat tocat

Un praf de piper rosu macinat

3 căni de roșii proaspete curățate, decojite și tăiate cubulețe sau 1 cutie de roșii italiene decojite, scurse și tăiate cubulețe (28 uncii)

2 linguri capere scurse, scurse si tocate

1 lingurita de oregano uscat, tocat

Sare

1. Aduceți aproximativ 2 cm de apă la fiert într-o tigaie adâncă. Adăugați peștele și gătiți până când peștele este fraged, dar nu se destramă, aproximativ 10 minute. Scoateți peștele cu o lingură cu fantă și scurgeți-l.

2. Se toarnă uleiul într-o tigaie mare cu usturoiul, pătrunjelul și ardeiul roșu măcinat. Gatiti pana usturoiul se rumeneste usor, aproximativ 2 minute. Adăugați roșiile și sucul lor, caperele, oregano și puțină sare. Se aduce la fierbere și se fierbe până când lichidul se îngroașă ușor, aproximativ 15 minute.

3. Adăugați peștele scurs. Se scalda pestele in sos. Gatiti 10 minute sau pana se inmoaie. Se serveste fierbinte.

Cod sare cu cartofi

Bacala de la Palermo

Face 4 portii

Plimbarea prin piața Vucciria din Palermo, Sicilia este o experiență fascinantă pentru oricine, în special pentru un bucătar. Tarabele pieței mărginesc străzile aglomerate și șerpuite, iar cumpărătorii pot alege dintr-o varietate de carne, pește și produse proaspete (cum ar fi totul, de la lenjerie intimă la baterii). Peșterile vând cod și cod deja înmuiate și gata de gătit. Aici, în SUA, dacă nu aveți timp să înmuiați peștele, înlocuiți codul cu bucăți de cod proaspăt sau alt pește alb ferm.

1/4 cană ulei de măsline

1 ceapă medie, feliată

1 cana de rosii din conserva tocate cu sucul lor

1/2 cană țelină tocată

2 cartofi medii, curatati de coaja si feliati

1 1/2 kg cod înmuiat și scurs

¼ cană măsline verzi tocate

1. Încinge uleiul într-o tigaie mare la foc mediu. Adăugați ceapa, roșiile, țelina și cartofii. Aduceți la fiert și gătiți până când cartofii sunt fragezi, aproximativ 20 de minute.

2. Se adauga pestele si se scalda bucatile in sos. Se presară cu măsline. Gatiti pana cand pestele este fraged, aproximativ 10 minute. Gustați de piper și adăugați sare la nevoie. Se serveste fierbinte.

Creveți și fasole

Creveți și fasole

Face 4 portii

Forte dei Marmi este un oraș frumos de pe coasta toscane. Are o eleganță veche, cu multe palate Art Deco, dintre care unele au fost transformate în hoteluri. De-a lungul plajei poti inchiria sezlong si umbrela pentru o zi, o saptamana sau o luna. Eu și soțul meu, împreună cu prietenii noștri Rob și Linda Leahy, am dezbătut pe larg dacă să petrecem ziua la plajă sau să mâncăm la Lorenzo. Linda a decis să se bucure de soare, în timp ce noi ceilalți ne-am îndreptat către un restaurant care este specializat în mâncăruri simple din fructe de mare, cum ar fi acești creveți. Ne-am bucurat că am făcut-o.

16 până la 20 de creveți mari, decojiți și fără sămânță

4 linguri de ulei de măsline

2 linguri de usturoi proaspăt tocat mărunt

2 linguri de busuioc proaspat tocat

Sare și piper negru proaspăt măcinat

3 cani cannellini fierte sau conservate sau fasole Great Northern, scursa

2 roșii medii, tăiate cubulețe

frunze proaspete de busuioc pentru ornat

1. Într-un castron, se amestecă creveții cu 2 linguri de ulei, jumătate de usturoi, 1 lingură de busuioc și sare și piper după gust. Amesteca bine. Acoperiți și lăsați la frigider pentru 1 oră.

2. Așezați grătarul sau grătarul la aproximativ 5 inci de sursa de căldură. Preîncălziți grătarul sau grătarul.

3. Într-o cratiță, fierbeți uleiul rămas, usturoiul și busuiocul la foc mic timp de aproximativ 1 minut. Adăugați fasolea. Acoperiți și fierbeți timp de 5 minute sau până când se încălzește. Ieși din foc. Se adauga rosiile si sare si piper dupa gust.

4. Gătiți creveții pe o parte până se rumenesc ușor, 1 până la 2 minute. Întoarceți creveții și gătiți până când se rumenesc ușor și devin translucide în partea cea mai groasă, încă aproximativ 1 până la 2 minute.

5. Întindeți fasolea pe 4 farfurii. Puneți creveții în jurul fasolei. Se ornează cu frunze proaspete de busuioc. Serviți imediat.

Creveți în sos de usturoi

Gamberi al'Aglio

Face 4 până la 6 porții

Creveții gătiți într-un sos de unt de usturoi sunt mai populari în restaurantele italo-americane decât în Italia. Aici este adesea numit „creveți cu usturoi", un nume fără sens care este un indiciu al originilor sale non-italiene. Scampi nu este, așa cum sugerează și numele, un stil de gătit, ci mai degrabă un tip de crustacee care seamănă foarte mult cu un homar în miniatură. Când vine vorba de gătit, creveții sunt de obicei la grătar cu puțin ulei de măsline, pătrunjel și lămâie.

Oricum i-ai numi și oricare ar fi originea lui, creveții în sos de usturoi sunt delicioși. Oferă o mulțime de pâine bună pentru a absorbi sosul.

6 linguri de unt nesarat

1/4 cană ulei de măsline

4 catei mari de usturoi, tocati marunt

16 până la 24 de creveți mari, decojiți și fără sămânță

Sare

3 linguri de patrunjel plat proaspat tocat

2 linguri de suc proaspăt de lămâie

1. Într-o tigaie mare, topim untul cu uleiul de măsline la foc mediu. Adăugați usturoiul. Gatiti pana usturoiul se rumeneste usor, aproximativ 2 minute.

2. Creșteți căldura la mediu-mare. Adăugați creveți și sare după gust. Gătiți timp de 1 până la 2 minute, întorcând creveții o dată și gătiți până când devin roz, încă aproximativ 1 până la 2 minute. Adăugați pătrunjelul și sucul de lămâie și gătiți încă 1 minut. Se serveste fierbinte.

Creveți cu roșii, capere și lămâie

Creveți în sos

Face 4 portii

Aceasta este una dintre acele rețete rapide și adaptabile pe care italienii le fac atât de bine. Serviți-l ca fel principal rapid cu creveți sau amestecați-l cu paste și puțin ulei de măsline extravirgin pentru o masă copioasă.

2 linguri de ulei de măsline

1 kilogram de creveți medii, curățați de coajă și fără sămânță

1 cățel de usturoi, ușor zdrobit

Sare

1 litru de struguri sau roșii cherry, tăiate în jumătate sau în sferturi dacă sunt mari

2 linguri de capere, clătite și scurse

2 linguri de patrunjel plat proaspat tocat

1/4 linguriță de coajă de lămâie

1. Încinge uleiul într-o tigaie de 10 inci la foc mediu-mare. Adăugați creveții, usturoiul și un praf de sare. Gătiți până când creveții devin roz și ușor aurii, aproximativ 1 până la 2 minute pe fiecare parte. Transferați creveții pe o farfurie.

2. Adăugați roșiile și caperele în tigaie. Gatiti, amestecand des, pana cand rosiile se inmoaie usor, aproximativ 2 minute. Întoarceți creveții în tigaie și adăugați pătrunjelul și sare după gust. Se amestecă bine și se fierbe încă 2 minute.

3. Adăugați coaja de lămâie. Aruncați usturoiul și serviți imediat.

Creveți în sos de hamsii

Creveți în sos Acciughe

Face 4 portii

Într-o primăvară, Gruppo Ristoratori Italiani, o organizație de restauratori italieni din Statele Unite, mi-a cerut să mă alătur lor și unui grup de alți scriitori de mâncare într-o excursie în regiunea Marche din centrul Italiei. Stăteam într-un hotel de pe litoral și plănuiam să mergem în excursii în orașele din apropiere. Într-o noapte, vremea furtunoasă a făcut călătoria aproape imposibilă, așa că am mâncat la un restaurant local numit Tre Nodi. Proprietarul a fost puțin excentric și ne-a vorbit despre teoriile sale despre politică, mâncare și gătit, dar fructele de mare au fost uimitoare, în special creveții mari roșii mediteraneeni gătiți cu hamsii. Creveții au fost aproape împărțiți în jumătate și apoi s-au deschis complet pentru a fi acoperiți complet în sos. cand am plecat

11/2 kilograme de creveți jumbo

4 linguri de unt nesarat

3 linguri de ulei de măsline

2 linguri de patrunjel plat proaspat tocat

2 catei mari de usturoi, tocati foarte marunt

6 fileuri de hamsii, tocate

1/3 cană de vin alb sec

2 linguri de suc proaspăt de lămâie

Sare și piper negru proaspăt măcinat

1. Curățați creveții, lăsând părțile cozii intacte. Cu un cuțit mic, tăiați creveții pe spate și tăiați aproape toată partea cealaltă. Scoateți vena întunecată și deschideți creveții ca pe o carte. Clătiți creveții și uscați.

2. Așezați grătarul sau grătarul la aproximativ 5 inci de sursa de căldură. Preîncălziți grătarul sau grătarul. Într-o tigaie mare, sigură pentru broiler, topește untul cu ulei de măsline la foc mediu. Când spuma de unt dispare, se adaugă pătrunjelul, usturoiul și ansoa și se fierbe timp de 1 minut, amestecând continuu. Adăugați vinul și sucul de lămâie și gătiți încă 1 minut.

3. Scoateți tigaia de pe foc. Adăugați creveții, tăiați în jos. Se presară cu sare și piper. Se toarnă puțin sos peste creveți.

4. Puneți tigaia sub broiler și gătiți aproximativ 3 minute sau până când creveții devin opace. Serviți imediat.

creveti prajiti

Fritti de creveți

Face 4 până la 6 porții

Un aluat simplu de făină și apă creează o crustă crocantă delicioasă pentru creveții prăjiți. Rețineți că acest tip de aluat nu se va rumeni prea mult deoarece nu conține zaharuri sau proteine. Pentru o crustă maro mai adâncă, încercați aluatul de bere (<u>dovlecel prăjit</u>, pasul 2) sau cel făcut din ouă, ca în<u>Creveți aluați și caracatiță</u>rețetă. Un alt truc pe care îl folosesc mulți bucătari de restaurante este să adauge în oală o lingură de ulei de gătit rămas de la prăjit cu o zi înainte. Motivele sunt complicate, dar dacă prăjiți mult, merită să păstrați o parte din uleiul răcit rămas strecurat și la frigider pentru prăjire ulterioară. Cu toate acestea, nu va dura pentru totdeauna și întotdeauna va mirosi uleiul înainte de utilizare pentru a vă asigura că este încă proaspăt.

Servește acești creveți ca fel principal sau aperitiv. Dacă doriți, puteți coace în același mod fasole verde întreagă, fâșii de dovlecei sau ardei sau alte legume. Pătrunjelul întreg, busuiocul sau frunzele de salvie sunt de asemenea bune.

1 cană de făină universală

11/2 lingurițe de sare

Aproximativ 3/4 cană apă rece

11/2 kilograme de creveți medii, decojiți și devenați

Ulei vegetal pentru prajit

1. Pune faina si sarea intr-un castron mediu. Adăugați treptat apă, amestecați cu un tel până se omogenizează. Amestecul trebuie să fie foarte gros, ca smântâna.

2. Clătiți creveții și uscați. Tapetați tava cu prosoape de hârtie.

3. Turnați suficient ulei într-o tigaie adâncă și grea pentru a ajunge la o adâncime de 2 inci sau, dacă utilizați o friteuză electrică, urmați instrucțiunile producătorului. Încinge uleiul la 370° F. pe un termometru pentru prăjire sau până când o picătură de aluat pusă în ulei sfârâie și se rumenește, 1 minut.

4. Puneți creveții în bolul cu aluatul și amestecați pentru a se acoperi. Scoateți creveții unul câte unul și puneți-i cu grijă în ulei folosind un clește. Prăjiți cât mai mulți creveți deodată, fără supraaglomerare. Gătiți creveții până se rumenesc ușor și

crocanți, 1 până la 2 minute. Scurgeți pe prosoape de hârtie. Prăjiți creveții rămași în același mod. Se serveste fierbinte cu felii de lamaie.

Creveți aluați și caracatiță

Frutti di Mare in culori pastelate

Face 6 portii

Oriunde găsiți crustacee în Italia, veți găsi bucătari care le prăjesc într-un aluat crocant. Acest aluat este făcut din ouă și drojdie, ceea ce conferă crustei o textură ușoară, aerisită, culoare aurie și gust bun. Deși folosesc mai ales ulei de măsline pentru gătit, prefer uleiul vegetal fără aromă pentru prăjit.

1 lingurita de drojdie uscata activa sau drojdie instant

1 cană apă caldă (100-110°F)

2 ouă mari

1 cană de făină universală

1 lingurita de sare

1 kg de creveți mici, curățați de coajă și fără sămânță

8 uncii calamari curățați (calamar).

Ulei vegetal pentru prajit

1 lămâie, tăiată felii

1. Într-un castron mediu, presară drojdia peste apă. Se lasa sa stea 1 minut sau pana devine cremos. Se amestecă până se dizolvă.

2. Adăugați ouăle în amestecul de drojdie și bateți bine. Adăugați făină și sare. Bateți cu un tel până se omogenizează.

3. Clătiți bine creveții și caracatița. Știu că. Tăiați calamarii în cruce în inele de 1/2 inch. Dacă sunt mari, tăiați baza fiecărui grup de tentacule în jumătate.

4. Turnați suficient ulei într-o tigaie adâncă și grea pentru a ajunge la o adâncime de 2 inci sau, dacă utilizați o friteuză electrică, urmați instrucțiunile producătorului. Încinge uleiul la 370° F. pe un termometru pentru prăjire sau până când o picătură de aluat pusă în ulei sfârâie și se rumenește, 1 minut.

5. Amestecați creveții și calmarii în aluat. Scoateți bucățile pe rând, lăsând excesul de aluat să picure înapoi în bol. Puneți cu grijă bucățile în uleiul fierbinte. Nu umple oala. Se prăjește, amestecând o dată cu o lingură cu fantă, până se rumenește, 1 până la 2 minute. Scoateți moluștele din tigaie și uscați-le pe

prosoape de hârtie. Prăjiți restul în același mod. Se serveste fierbinte cu felii de lamaie.

Frigarui de creveti la gratar

Spiedini din Gamberi

Face 4 portii

Deși bucătăria bogată din Parma și Bologna este renumită, bucătăria de pe coasta Emilia-Romagna este foarte bună și adesea foarte simplă. Baza este fructele și legumele excelente de la fermele locale și fructele de mare proaspete uimitoare. Eu și soțul meu am mâncat aceste frigărui de creveți la grătar în orașul de pe litoral Milano Marittima. Midiile pot fi înlocuite cu bucăți de pește cu carne tare.

1/2 cană pesmet simplu

1 lingura de rozmarin proaspat tocat marunt

1 catel de usturoi, curatat de coaja si tocat marunt

Sare și piper negru proaspăt măcinat

2 linguri de ulei de măsline

1 kilogram de creveți medii, curățați de coajă și fără sămânță

1 lămâie, tăiată felii

1. Așezați grătarul sau grătarul la aproximativ 5 inci de sursa de căldură. Preîncălziți grătarul sau grătarul.

2. Într-un castron mediu, combinați pesmetul, rozmarinul, usturoiul, sare și piper după gust și uleiul și amestecați bine. Adăugați creveții și amestecați pentru a se acoperi bine. Puneți creveții pe frigărui.

3. Prăjiți sau grătar până când creveții sunt roz și gătiți, aproximativ 3 minute pe parte. Se serveste fierbinte cu felii de lamaie.

Homar "Frate Diavolul"

Homar Fra Diavolo

Face 2 până la 4 porții

Deși această rețetă are multe dintre semnele distinctive ale unui preparat clasic de fructe de mare din sudul Italiei, inclusiv roșii, usturoi și chili, am bănuit întotdeauna că este o invenție italo-americană. Prietenul meu Arthur Schwartz, gazda emisiunii Food Talk cu Arthur Schwartz de la radio WOR, este un expert în bucătăria napolitană, precum și în bucătăria istorică a orașului New York și este de acord cu mine. Arthur crede că probabil a evoluat într-un restaurant italian în New York în urmă cu câțiva ani și a fost popular de atunci. Denumirea se referă la sosul de roșii picant în care este gătit homarul. Se servește cu spaghete sau pâine prăjită cu usturoi.

2 homari vii, de aproximativ 1 1/4 lire fiecare

1/3 cană ulei de măsline

2 catei mari de usturoi, tocati marunt

Un praf de piper rosu macinat

1 cană de vin alb sec

1 conserve (28 uncii) de roșii decojite, scurse și tăiate cubulețe

6 frunze de busuioc proaspăt, tăiate în bucăți mici

Sare

1. Așezați unul dintre homari cu fața în sus în cavitatea plăcii de tăiat. Nu îndepărtați benzile care țin ghearele închise. Protejați-vă mâna cu un prosop gros sau cu suport pentru oală și țineți homarul de coadă. Introduceți vârful unui cuțit greu de bucătar în corp acolo unde coada se întâlnește cu sânul. Tăiați complet, separând coada de restul corpului. Folosiți foarfece de pasăre pentru a îndepărta pielea subțire care acoperă carnea de pe coadă. Îndepărtați și aruncați vena întunecată a cozii, dar lăsați tomalleyul verde și coralul roșu, dacă există. Repetați cu al doilea homar. Tăiați coada în cruce în 3 sau 4 bucăți. Lăsați bucățile de coadă deoparte. Tăiați corpurile homarului și ghearele de la articulații în bucăți de 1 până la 2 inci. Loviți ghearele cu partea tocită a cuțitului pentru a le rupe.

2. Într-o oală mare și grea, încălziți uleiul la foc mediu. Adăugați toate bucățile de homar, cu excepția cozilor și gătiți, amestecând des, timp de 10 minute. Presaram usturoi si ardei iute in jurul bucatilor. Adăugați vinul și gătiți timp de 1 minut.

3. Adăugați roșiile, busuioc și sare. Se aduce la fierbere. Gatiti, amestecand din cand in cand, pana rosiile se ingroasa, aproximativ 25 de minute. Adăugați cozile de homar și gătiți încă 5 până la 10 minute, sau până când carnea de coadă este fermă și opaca. Serviți imediat.

Homar umplut la cuptor

Amolicatus din Aragoste

Face 4 portii

În Italia și în toată Europa, varietatea tipică de homar este homarul spinos sau de stâncă, căruia îi lipsesc ghearele mari și cărnoase ale homarilor din America de Nord. Cu toate acestea, au un gust foarte bun și sunt adesea vândute aici ca cozi de homar congelate. Dacă nu vrei să ai de-a face cu homari vii, poți face această rețetă cu cozi congelate reducând puțin cantitatea de pesmet și gătindu-le, fără decongelare, până când se opacizează în centru. Această rețetă este tipică Sardiniei, deși este consumată în sudul Italiei.

4 homari vii (aproximativ 1 1/4 lire fiecare)

1 cană pesmet simplu uscat

2 linguri de patrunjel plat proaspat tocat

1 catel de usturoi, tocat marunt

Sare și piper negru proaspăt măcinat

Ulei de masline

1 lămâie, tăiată felii

1. Aşezaţi unul dintre homari cu faţa în sus în cavitatea plăcii de tăiat. Nu îndepărtaţi benzile care ţin ghearele închise. Protejaţi-vă mâna cu un prosop gros sau cu suport pentru oală şi ţineţi homarul de coadă. Introduceţi vârful unui cuţit greu de bucătar în corp acolo unde coada se întâlneşte cu sânul. Tăiaţi complet, separând coada de restul corpului. Folosind foarfece pentru păsări de curte, îndepărtaţi stratul alb subţire care acoperă partea inferioară a cozii pentru a expune carnea. Îndepărtaţi şi aruncaţi vena întunecată a cozii, dar lăsaţi tomalleyul verde şi coralul roşu, dacă există.

2. Aşezaţi grătarul în centrul cuptorului. Preîncălziţi cuptorul la 450° F. Ungeţi 1 sau 2 tavi mari. Pune homarii cu faţa în sus pe foi de copt.

3. Într-un castron mediu, amestecaţi pesmetul, pătrunjelul, usturoiul şi sare şi piper după gust. Adăugaţi 3 linguri de ulei sau doar cât să umeziţi firimiturile. Întindeţi amestecul peste homarul din tigaie. Stropiţi puţin ulei.

4. Coaceți homarii timp de 12 până la 15 minute sau până când carnea de coadă este opacă când este tăiată în partea cea mai groasă și fermă când este presată.

5. Serviți imediat cu felii de lămâie.

Scoici cu usturoi și pătrunjel

Aglio și Olio Capesante

Face 4 portii

Midiile dulci și proaspete se gătesc rapid, perfecte pentru o masă târziu. Această rețetă vine de la Grado de pe coasta Adriaticii. Îmi place să folosesc scoici mari, dar scoici mai mici pot fi înlocuiți.

1/4 cană ulei de măsline

2 catei de usturoi tocati marunt

2 linguri de patrunjel plat proaspat tocat

1 kilogram de midii mari, clătite și uscate

Sare și piper negru proaspăt măcinat

1 lămâie, tăiată felii

1. Se toarnă uleiul într-o tigaie mare. Adăugați usturoiul, pătrunjelul și ardeiul și gătiți la foc mediu până se rumenesc ușor, aproximativ 2 minute.

2. Adaugă scoici și asezonează după gust. Gatiti, amestecand, pana cand midiile sunt opace in centru, aproximativ 3 minute. Se serveste fierbinte cu felii de lamaie.

Midii si creveti la gratar

Fructe din Mare alla Griglia

Face 4 portii

Un dressing simplu de lămâie decorează creveții și midiile la grătar. Ele pot fi înlocuite cu bucăți de pește cu carne fermă, precum somonul sau peștele-spadă.

3/4 kg de midii mari, clătite și uscate

3/4 kg de creveți mari, curățați de coajă și fără sămânță

frunze de dafin proaspete sau uscate

1 ceapă roșie medie, tăiată în bucăți de 1 inch

1/4 cană ulei de măsline

2 linguri de suc proaspăt de lămâie

1 lingura patrunjel plat proaspat tocat

1/2 linguriță de oregano uscat, tocat

Sare și piper negru proaspăt măcinat

1. Așezați grătarul sau grătarul la aproximativ 5 inci de sursa de căldură. Preîncălziți grătarul sau grătarul.

2. Asezati scoicile si crevetii alternativ cu foile de dafin si bucatile de ceapa pe 8 frigarui de lemn sau metal.

3. Într-un castron mic, amestecați uleiul, sucul de lămâie, pătrunjelul, oregano și sare și piper după gust. Transferați aproximativ două treimi din amestecul de sos într-un castron separat. O carte. Ungeți moluștele cu treimea rămasă din sos.

4. Prăjiți sau prăjiți până când creveții sunt roz și scoicile sunt ușor rumenite pe o parte, aproximativ 3 până la 4 minute. Întoarceți frigăruile și gătiți până când creveții devin roz și scoicile se rumenesc ușor pe cealaltă parte, încă aproximativ 3 până la 4 minute. Carnea de creveți și midii va fi doar opac în centru. Transferați pe o farfurie și stropiți cu sosul rămas.

scoici și scoici Posillipo

Vongole și Cozze în sos Piccante

Face 4 portii

pornițieste numele terenului din Golful Napoli. Acest fel de mâncare din scoici și scoici proaspete într-un sos de roșii picant evocă și multe minți italo-americane. Numită probabil după un restaurator nostalgic din Statele Unite, rețeta pare să fi demodat, deși este atât de bună încât merită o revenire.

Serviți-le în boluri adânci pe felii de pâine prăjită sau freselle, biscuiții tari de piper negru disponibili pe piețele italiene.

3 duzini de scoici mici

2 kilograme de midii

1/3 cană ulei de măsline

1 lingura de usturoi tocat marunt

Un praf de piper rosu macinat

1/2 căni de vin alb sec

1 conserve (28 uncii) de roșii decojite, scurse și tăiate cubulețe

1 lingurita de oregano uscat, tocat

Sare și piper negru proaspăt măcinat

1/4 cană pătrunjel plat proaspăt tocat

Felii de pâine italiană, pâine prăjită sau freselle

1. Înmuiați scoici și scoici și scoici în apă rece timp de 30 de minute. Se spală scoicile sub jet de apă rece cu o perie tare. Tăiați sau rupeți mustățile midii. Aruncați scoicile sau scoicile care au coaja crăpată sau refuză să sigileze când sunt atinse.

2. Turnați uleiul într-o oală mare și grea. Adăugați usturoiul și ardeiul iute. Gatiti la foc mediu pana usturoiul se rumeneste usor, aproximativ 2 minute. Adăugați vinul și gătiți încă 1 minut. Adăugați roșiile. oregano si sare si piper dupa gust. Se aduce la fierbere și se fierbe timp de 15 minute.

3. Adăugați scoici și scoici în oală și acoperiți bine. Gatiti pana se deschid cojile, aproximativ 5 minute.

4. Puneți felii de pâine italiană în fundul a 4 boluri cu paste. Puneți deasupra scoici și scoici. Se presara patrunjel tocat si se serveste imediat.

www.ingramcontent.com/pod-product-compliance
Lightning Source LLC
Chambersburg PA
CBHW071333110526
44591CB00010B/1127